Couvertures supérieure et inférieure en couleur

MÉMOIRES

OU

RAPPORTS INÉDITS

SUR

L'ÉTAT DU CLERGÉ, DE LA NOBLESSE,
DE LA JUSTICE ET DU PEUPLE

DANS LES DIOCÈSES DE NARBONNE, DE MONTPELLIER
ET DE CASTRES, EN 1573

PAR

C. DOUAIS

TOULOUSE
IMPRIMERIE ET LIBRAIRIE ÉDOUARD PRIVAT
45, RUE DES TOURNEURS, 45
—
1891

DU MÊME AUTEUR

L'Église des Gaules et le Conciliabule de Béziers tenu en l'année 356. 1875. 1 vol. in-12.. 3 »
Les Albigeois ; leurs origines. 1880. 1 vol in-8°...................... 7 50
De l'enseignement de l'histoire ecclésiastique, 1882................. 1 50
Le siège de Carcassonne (1-15 août 1209). 1882 (épuisé).
Les sources de l'histoire de l'Inquisition dans le midi de la France au treizième et au quatorzième siècle. 1881 (épuisé).
L'Église et la Croisade contre les Albigeois. 1882 (épuisé).
Le Pèlerinage de Notre-Dame-de-Pitié de Mougères (Hérault). Son histoire et son culte. 1883... 1 50
Soumission de la vicomté de Carcassonne par Simon de Montfort. 1884 (épuisé).
Essai sur l'organisation des études dans l'ordre des Frères Prêcheurs au treizième et au quatorzième siècle. 1884.. 8 50
Le P. Polycarpe de Marciac. 1884.................................... 1 »
De l'auteur du « Stimulus amoris ». 1885............................ 1 »
Les Frères Prêcheurs à Pamiers au treizième et au quatorzième siècle. 1885.... 3 »
Les Frères Prêcheurs en Gascogne au treizième et au quatorzième siècle. 1885... 15 »
La Persécution des chrétiens de Rome en l'année 64. 1885 (épuisé).
Practica Inquisitionis heretice pravitatis, auctore BERNARDO GUIDONIS. Document publié pour la première fois. In-4°, 1886................................... 12 »
Inventaire des biens meubles et immeubles de l'abbaye de Saint-Sernin de Toulouse dressé le 14 septembre 1246. 1886.....................................
Saint Thomas d'Aquin dans la dévotion chrétienne au quatorzième et au dix-septième siècle. Étude historique... 1 »
Cartulaire de l'abbaye de Saint-Sernin de Toulouse (844-1200). In-4°, 1887 (couronné par l'Institut).. 40 »
Deux reliquaires de l'église Saint-Sernin de Toulouse. Mémoire accompagné de huit dessins. In-4°, 1888...
Capucins et Huguenots dans le Languedoc sous Henri IV. Louis XIII et Louis XIV. Première partie : Capucins et Huguenots sous Henri IV In-8°, 1888....... 2 »
Documents pontificaux sur l'évêché de Couserans (1425-1649). Publiés pour la première fois. In-8, 1888.. 2 »
Un nouveau manuscrit de Bernard Gui et des chroniques des papes d'Avignon. In-4°, 1889.. 3 »
Saint Germier, évêque de Toulouse au sixième siècle. Examen critique de la Vie. In-8°, 1890.. 3 »
Les manuscrits du château de Merville. Notice, extraits et fac-similés. In-8°, 1890. 7 50
L'arrivée des Bénédictins de Saint-Maur à Saint-Savin de Lavedan, en 1625. Récit d'un témoin. In-8°, 1890... 3 »
La Coutume de Montoussin (août 1270). Texte roman publié pour la première fois... 1 »
Les Établissements d'instruction publique dans le Midi de la France avant la Révolution, avec la bibliographie de l'histoire de l'enseignement dans le Midi........ 2 »
Une importante correspondance du seizième siècle. Le baron de Fourquevaux. Ecosse, Italie, Espagne, Languedoc (1548-1574). In-8°, 1891............. 1 »
État du diocèse de Saint-Papoul et sénéchaussée de Lauragais en 1573. In-8°.. 2 »
Les hérétiques du Midi au treizième siècle. Cinq pièces inédites In-8°, 1891.. 2 »
Les hérétiques du comté de Toulouse dans la première moitié du treizième siècle, d'après l'enquête de 1245... 1 »

MÉMOIRES OU RAPPORTS INÉDITS

SUR

L'ÉTAT DU CLERGÉ, DE LA NOBLESSE, DE LA JUSTICE ET DU PEUPLE

DANS LES DIOCÈSES DE NARBONNE, DE MONTPELLIER
ET DE CASTRES, EN 1573.

Extrait des *Mémoires de l'Académie des sciences, inscriptions et belles-lettres de Toulouse*
9ᵉ série, tome III, année 1891.

MÉMOIRES

ou

RAPPORTS INÉDITS

SUR

L'ÉTAT DU CLERGÉ, DE LA NOBLESSE,
DE LA JUSTICE ET DU PEUPLE

DANS LES DIOCÈSES DE NARBONNE, DE MONTPELLIER
ET DE CASTRES, EN 1573

PAR

C. DOUAIS

TOULOUSE
IMPRIMERIE ET LIBRAIRIE ÉDOUARD PRIVAT
45, RUE DES TOURNEURS, 45

1891

MÉMOIRES OU RAPPORTS INÉDITS

SUR

L'ÉTAT DU CLERGÉ, DE LA NOBLESSE, DE LA JUSTICE ET DU PEUPLE

DANS LES DIOCÈSES DE NARBONNE, DE MONTPELLIER
ET DE CASTRES, EN 1573.

L'Académie a bien voulu entendre la communication que j'ai eu déjà l'honneur de lui faire, sur l'état du diocèse de Saint-Papoul à la date que porte le titre du présent mémoire[1]. Je ne reviendrai donc ni sur les raisons ni sur les circonstances historiques qui amenèrent le roi, au lendemain de la trop fameuse journée de la Saint-Barthélemy, à donner des ordres au baron de Fourquevaux, gouverneur de Narbonne, pour qu'il s'enquît de l'état de la province du Languedoc. Le baron de Fourquevaux ne put faire directement lui-même l'importante enquête, qui lui était confiée et dont le résultat devait être et fut mis sous les yeux de Charles IX. Si nous en jugeons par les Rapports particuliers des diocèses de Narbonne, de Montpellier et de Castres que j'ai retrouvés dans le fonds si riche de Fourquevaux, il s'en déchargea, pour quelques diocèses du moins, sur des personnes qui, par leur situation, étaient en état d'être exactement renseignées. Il est vrai que son *Discours au Roy*[2] se borne aux diocèses de Narbonne, de Toulouse, de Saint-Papoul, de

---

1. *Mémoires*, 9e série, t. II (1890), pp. 473-489.
2. *Hist. gén. de Languedoc*, XII, 1065. Ed. Privat.

Lavaur, de Montauban, de Rieux et de Comminges, et ce fonds fournit deux Rapports, l'un sur le diocèse de Montpellier, l'autre sur le diocèse de Castres, dont le gouverneur n'avait, ce semble, rien à faire. Ils ne seront pas allés s'égarer dans son cabinet. Tout le monde savait qu'il avait été mandé à Compiègne; s'il n'alla pas à la Cour, cela ne tint pas à lui : sa présence fut jugée nécessaire à Narbonne pour maintenir les huguenots en respect et loin de la ville. Au surplus, il avait lui-même demandé un Rapport sur le diocèse de Castres, et le Rapport sur le diocèse de Montpellier fut rédigé, ce semble, à l'ordre exprès du roi. Il faut, en tout cas, bénir la Providence que ces Rapports nous soient parvenus. Ils sont bien faits pour piquer la curiosité de notre histoire provinciale, à la date troublée et critique de 1573.

Mais avant d'en donner le contenu, il faut en présenter les auteurs.

I.

Ces Rapports, à la vérité, ne sont pas signés. Leur écriture régulière, belle et uniforme semble trahir la main d'un secrétaire. Mais au dos ils portent chacun un nom où l'on reconnaît, sans crainte de se tromper, la main de M. de Fourquevaux. Ce ne fut pas caprice de sa part. Les nombreuses lettres reçues par lui, que nous avons et qui s'étendent à une période de vingt-six ans (1548-1574), portent presque toutes au dos la date, et quelques-unes l'heure de leur arrivée, jour et heure écrits de sa propre main; renseignement utile pour lui, curieux pour nous, dont la présence au dos de ces lettres témoigne d'un véritable esprit d'ordre et de suite. Le gouverneur de Narbonne avait des raisons autrement sérieuses de retenir le nom des auteurs de Mémoires, où, en suivant l'ordre des questions posées par le roi, on mettait à découvert la plaie vive de la province, que la Cour du Louvre semblait vouloir, enfin, soigner et guérir. Si ces noms ne désignent pas les auteurs de ces Rapports, pourquoi se trouvent-ils là? Quand c'est un message royal ou une lettre d'un grand personnage qui arrive, le baron écrit quelquefois le nom du porteur. Ici, ce ne saurait être le cas; on n'imagine pas que le juge mage de Montpellier, par exemple, ait servi de porteur. D'ailleurs, le Rapport pour le diocèse de Narbonne, rédigé dans cette ville pour le gouverneur qui y résidait, ne donnait pas lieu à un courrier. Or, je lis au dos du Rapport sur le diocèse de Narbonne : *M. Baliste*; au dos du Rapport sur le diocèse de Montpellier : *Monsr le juge mage de Montpellier*; au dos du Rapport sur le diocèse de Castres : *M. le docteur Massé*. N'hésitons pas : ce sont là les auteurs de ces Rapports ou Mémoires. Il me reste à nommer moi-même, à défaut du baron de Fourquevaux, le juge mage de Montpellier.

D'Aigrefeuille, dans ses *Observations sur les anciennes juridictions de Montpellier* faisant suite à l'*Histoire de la ville de Montpellier*[1], a donné la liste des juges mages de cette ville[2]. Elle commence en 1552, date de l'établissement du siège présidial. Le savant et consciencieux chanoine a pu la dresser d'après les registres de cette juridiction qui fonctionnait encore de son temps[3]. Probablement elle ne présente pas de lacune. C'est donc Pierre de la Coste qui occupait le siège du juge mage en 1573. Les archives de la ville de Narbonne, à défaut des papiers du sénéchal de Montpellier donnent un appui à cette conclusion. En 1569, les consuls de Narbonne nomment une députation chargée d'aller à Montpellier pour le procès introduit devant les généraux des finances par M. Pierre de La Coste, juge mage[4], et poursuivent ce procès. Le 15 mai 1570, le nom de M. Pierre de la Coste, juge mage de Montpellier, apparaît dans le rôle des frais avancés par M. Simon Berre,

---

1. In-fol. Montpellier, Martel, 1737.
2. Pag. 630.
3. Les papiers du sénéchal ont été, il y a vingt ans environ, versés pêle-mêle aux archives de l'Hérault. Il n'est pas possible d'y faire des recherches. (Comm. de M. Gaudin, bibliothécaire de Montpellier.)
4. BB. 2, fol. 163 v°, fol. 185 v°. Mouynès, *Inventaire-sommaire*, I, 31, 32, 33, 35.

pour son voyage à la Cour[1]; de même dans la délibération du 22 octobre suivant[2].

Où nous représente ce juge mage comme « acharné contre les protestants[3] ». Il appartenait cependant à une famille qui, à n'en pas douter, avait des sympathies pour la nouvelle religion. Ainsi, maître Jean de la Coste, frère du juge mage, figure sur la liste des habitants de Montpellier qui eurent à supporter l'amende de 11,342 livres frappée, le 27 novembre 1560, par le comte de Villars contre ceux qui avaient assisté aux assemblées défendues[4]. En 1572, un Guillaume de la Coste, conseiller aux Aydes et *colonel* des habitants dans les troubles des années précédentes, fut éloigné de la ville à cause de sa grande influence sur ceux de sa religion. Cette famille était, du reste, considérable; pour en donner une preuve nouvelle, je rappellerai que, en 1573, Mathieu de la Coste, conseiller aux Aydes, figure dans une assemblée tenue à l'hôtel de ville par le maréchal de Damville[5]. Eminemment languedocienne, elle donna des magistrats au Présidial, aux Aydes et au Parlement, peut-être aussi des recrues aux armées huguenotes et des ministres à la religion réformée[6].

1. BB. 3, fol. 14 v°. Mouynès, *ibid.*, 36.
2. *Ibid.*, 37.
3. M. Corbière, *Hist. de l'Eglise réformée de Montpellier*, pag. 29. In-4°; Montpellier, 1861.
4. *Ibid.*, p. 514. *Hist. gén. de Languedoc*, XII, p. 79. Ed. Privat.
5. Note communiquée par M. Gaudin, le savant bibliothécaire de la ville de Montpellier.
6. Le capitaine de la Coste, qui commandait Bize (Aude), fut pendu, en 1575, pour avoir abandonné cette place. (*Hist. gén. de Languedoc*, XI, 614. Ed. Privat.) A la même époque et plus tard, on trouve à Toulouse une famille de la Coste, considérable aussi. Ainsi, en 1555, un Jean de la Coste était conseiller au Parlement; en 1572, un Lacoste est donné comme docteur et avocat; en 1574, un de la Coste est capitoul; en 1610, Antoine de la Coste est conseiller au Parlement. (*Hist. gén. de Languedoc*, XII, 557, 997, 1101, 1628.) Mon érudit confrère, M. Vesson, m'apprend qu'un Louis de la Coste, ministre à Dijon au commencement du dix-septième siècle, demanda à être nommé ministre à Narbonne; ce qu'il n'obtint pas. Un Raulin de la Coste, sieur de Grandselve, était conseiller de Narbonne, en 1596. (Archiv. de Narbonne, BB 5, fol. 662 v°. Mouynès, *Invent.-somm.*, I, 140.)

Le nom de Baliste que porte l'auteur du Mémoire sur l'état du diocèse de Narbonne, était un des plus connus dans cette ville, en 1573. Il y avait d'abord Pierre Baliste, consul de la ville en 1568[1], greffier du diocèse[2], notaire[3], dont le nom figure encore dans les registres à la fin de l'année 1572. Il y avait ensuite Barthélemy Baliste « docteur et advocat », « assistant » aux consuls en 1573[4], premier consul en 1574[5], qui, dans les premiers mois qui suivirent la mort du baron de Fourquevaux, survenue en juillet 1574, se rendit deux fois à la Cour pour mettre sous les yeux du roi les doléances de Narbonne, et plaider ses intérêts budgétaires et religieux[6]; cette année, il représenta la ville aux États de Languedoc[7]. Pendant plus de quarante ans, il prit une part active et intelligente à son administration. Je note ici qu'il inspira une particulière estime à ses collègues de l'hôtel de ville qui, en 1574, en 1593 et en 1597, « c'est-à-dire toutes les fois qu'ils eurent le droit de faire une présentation de cette nature[8], » le mirent au premier rang pour remplir la charge de juge royal en la viguerie[9]. Barthélemy Baliste était trop indépendant, trop Narbonnais; le gouverneur n'accepta pas cette candidature. Narbonnais, il l'était de toute manière. C'est à lui que Pibrac adressa l'illustre de Thou, visitant le Languedoc. « Baliste le conduisit par toute la ville et lui montra d'anciennes inscriptions qui se remarquoient parmi ses ruines; comme il en avoit fait un recueil exact, il en était fort instruit. Il lui fit voir encore

---

1. Arch. de Narbonne, BB 2, fol. 142 v°. Mouynès, *Invent.-somm.*, I, 29.
2. *Ibid.*, BB 2, fol. 225. Mouynès, *ibid.*, I, 35.
3. *Ibid.*, BB 59, fol. 25 v°. Mouynès, *ibid.*, II, 571.
4. *Requisition du clergé et habitantz de Narbonne au sieur de Fourquevaulx* (23 décembre 1573) pour qu'il ne quitte pas la ville menacée par ceux de la religion. Château de Fourquevaux.
5. Arch. de Narbonne, BB 3, fol. 189. Mouynès, *Invent.-somm.*, I, 47.
6. *Ibid.*, BB 3, fol. 228, fol. 231 v°. Mouynès, *Ibid.*, 50, 51.
7. *Ibid.*
8. M. Massip. Note communiquée.
9. Arch. de Narbonne, BB 3, fol. 206 v°. BB 5, fol. 544, fol. 682 v°. Mouynès, *Invent. somm.*, I, 48, 131, 142.

cet autel célèbre, qui est à la porte de la principale église. Elie Vinet en parle dans ses antiquités de Narbonne; et Smith, et après lui Jean Gruterus, en ont fait aussi mention dans ce gros volume d'inscriptions qu'ils ont donné au public[1]. » C'est de Thou qui, dans sa gratitude, s'exprime ainsi. Il dépeint Baliste comme un savant empressé, féru d'érudition locale et fier de montrer à un étranger de marque les monuments de sa chère ville.

Rien ne fait entendre que le baron de Fourquevaux lui ait demandé un Mémoire sur l'état du diocèse de Narbonne, qu'il pouvait connaître directement. La teneur des premières lignes semble dire que Baliste, en l'écrivant, obéit à une inspiration personnelle, à son amour pour le bien public. Les articles de son Mémoire, auxquels « on pourra, dit-il, adjouter ou diminuer, selon que l'on advisera estre nécessaire et raisonnable, » loin d'exagérer un état de choses trop triste, sont plutôt au-dessous de la vérité.

Les renseignements me font un peu défaut sur le Dr de Massé, auteur présumé, certain, du Mémoire sur l'état du diocèse de Castres, qui, certes, n'est pas le moins curieux des trois Mémoires que j'ai l'avantage de publier. Gaches nous représente Jacques de Massé comme catholique[2]. Son Mémoire le montre très attaché à la religion traditionnelle. En épousant Delphine de Guérin, il avait fait un mariage honorable dont il eut une fille, à laquelle il donna le nom de Jeanne. En 1573, il fut un des membres influents du Conseil de ville de Castres, dont il ne tarda pas cependant à s'éloigner. Le 20 novembre 1574, Jeanne, sa fille, « obtint des consuls la permission de sortir de Castres pour aller voir son père, *à condition qu'elle rentrerait dans douze jours et baillast pour caution 200 escus sols*. Le Conseil de ville du 16 février 1575 permet à Delphine de Guérin, femme de M^{tre} Jacques de Massé, d'aller voir son mari, sans

---

1. De Thou, *Mémoires*, I, 80. In-4°. Londres, 1734.
2. *Mémoires de Jacques Gaches*, 223. Ed. Pradel, In-8°, Paris Sandoz et Fischbacher, 1879.

condition; celui du 1ᵉʳ juillet suivant lui défend le séjour de Castres[1]. » Il mourut probablement à la fin de cette année 1575[2]. C'est au « commandement » de M. de Fourquevaux qu'il rédigea son Mémoire sur l'état du diocèse de Castres. La lettre du gouverneur de Narbonne était du 12 décembre 1573; M. de Massé répondit le 20. Il ne mit donc pas longtemps à l'écrire. Il s'en excusa : le temps pressait. Du moins, la confiance que lui témoigna le baron gouverneur, qui croyait alors être à la veille de se rendre à la Cour, lui assurera la confiance de l'histoire.

Voilà ce que de trop brefs renseignements nous permettent d'affirmer sur les auteurs de nos trois Mémoires. Que nous disent-ils? Indiquons-le par ordre.

II.

1. Et d'abord le Clergé.

Le roi a posé deux questions « quand aulx ecclésiastiques », dit le Rapport sur l'état du diocèse de Montpellier : « Quel debveoir ilz rendent en leur charge, et s'ilz sont jouyssantz de ce que leur apartient ou en trouble. »

Baliste et Pierre de la Coste sont d'accord pour se plaindre que les hauts dignitaires ecclésiastiques, archevêques, évêques et abbés, ne gardent pas la résidence. Le Dʳ de Massé se borne aux dignitaires des cures et des bénéfices ; en temps de paix, ils résident.

Baliste ne s'occupe que du diocèse de Narbonne. Depuis Briçonnet (1507-1514), qu'il fait mourir en 1513 et dans son archevêché, « on n'y a veu », dit-il, « résider aucunz arcevesque pour instruire le peuple ou luy servir de bon exemple. » Il ne saurait être contredit. Nous ne prétendons pas dire cependant que les six archevêques de Narbonne

---

1. M. Pradel, *ibid.*, p. 224, note 1. D'après le registre des délibérations des Conseils de Castres.
2. *Mémoires de Jacques Gaches*, p. 223.

après cette date, dont quatre étaient Italiens, dont un, Jules de Médicis, devint le pape Clément VII, et dont trois appartenaient aux deux grandes familles de Lorraine et d'Este, ne furent pas retenus loin de leur diocèse pour de légitimes raisons.

Pierre de la Coste jette un regard sur toute la province. D'après lui, « la pluspart des arcevesques, evesques et aultres prélatz dudit pays sont absantz des lieux de leur prélature, et ont tousjours esté, tellement qu'ilz n'ont point esté veuz en leurs esglizes et diocèzes despuis trente ans en ça. » Pour me borner au diocèse de Montpellier, Guillaume Pellicier, le neveu, évêque en 1527, personnage lettré et longtemps absorbé par le soin de missions et d'ambassades, ne fit que de rares apparitions dans sa ville épiscopale. Il mourut en 1568; mais il ne fut remplacé que le 3 novembre 1573, peu de jours avant la date du Mémoire écrit par le juge mage.

Les inconvénients de la non-résidence, le préjudice qui en résulte pour la religion sont trop évidents.

A Montpellier, « l'instruction du peuple au service de Dieu a cessé; les héreticques, comme loups ravissantz, se sont jectez sur le troupeau de Jhésu Christ, l'ont gaigné, deceu et trompé... L'administration et collation des ordres sacrés cesse », par le fait sans doute de la vacance du siège. « Les prieurs et curéz ne font point de résidence, prennent exemple à leurs suppérieurs. »

A Narbonne, de même. « Plusieurs abbés, prieurs, recteurs et autres ayant bénéfice ne font résidence. » Ici, de plus, « les bénéfices sont conférés le plus souvent à personnes ignares et indignes, dont les aucuns les gardent aux gentilshommes, marchans, bourgeoys ou aultres mondains et mariés, qui en font estat comme d'ung patrimoine. »

A Montpellier encore, la plupart des bénéfices « sont régis par économes subjectz à rendre compte des fruictz, quy tirent tant de revenu qu'ilz peuvent, sans le distribuer en aulmosnes ne réparations nécessaires des églises. »

Du reste, « la principalle substance du pays concistant au

revenu desdits arceveschéz, eveschéz et abbayez, est emporté hors dudit pays et une bonne part hors du royaulme... La charité n'est point exercée et le revenu des esglises mal distribué. »

Un autre inconvénient non moins grave, c'est le danger que ceux de la religion en viennent à occuper la plupart des paroisses. En fait, il en est ainsi. Pierre de la Coste écrit : « Une bonne partie des lieux et villaiges dudit pays sont occupéz par ceulx de la nouvelle relligion, où ne se faict aulcung service divin; qu'est cause que grande partie du peuple se retire à eulx et leurs presches, et se séparent de l'esglize catholicque, appostolicque et romayne; les aultres qui percevèrent en leur relligion demeurantz dans ladite esglize, vivent sans exercisse de relligion comme pouvres brebis esgarées ne trouvant de quoy paistre; et ne leur reste aultre chose que d'espérance qu'ilz ont en la grâce de Dieu et bonté de Sa Majesté royale, qu'ilz mectront fin auxdits troubles. »

A la vérité, « ceulx de la nouvelle relligion » sont en certains endroits directement cause du mal qu'on déplore. Pour le Dr de Massé, « il est trop certain que despuis le commensement de toutz ces troubles, Messieurs les ecclésiastiques ont esté plus mal traités en toute ceste evesché (de Castres) par ceulx de la novelle religion qu'en aulcune aultre de ce païs de Languedoc; car pour le regard des hommes, les bons et estudians ecclésiastiques sont quasi toutz estés massacrés aulx prinses des villes que lesdits de la religion ont faict, scavoir de Lautrec, Vielmur, Saix, La Bruguière, Viviers, Brassac et Berlan. A cause de quoy, les esglises sont esté dénuées de plusieurs gens de bien, de bonnes meurs et conversation, dignes de l'ordre. » Des ministres moins dignes, n'ayant « moien s'aquicter du devoir de leur charge par l'insuffisance qu'est en eulx, » les ont remplacés.

Ce mal est commun et trop certain. Le Dr de Massé l'attribue à deux causes : d'abord, la trop grande facilité avec laquelle une bulle obtenue *in forma dignum* sort tout son effet. « Si l'ordinayre collateur ne treuve souffizant celluy qui est promeu par le pape *in forma dignum*, il se retire au plus prochain evesque, duquel jamais aulcun ne s'en retourne, si *ignorant qu'il soict*, que n'en rapporte sa collation en aussi bonne forme que le plus docte théologien mériteroit. » La seconde cause est dans le Concordat de Léon X et de François Ier, aux termes duquel les bénéfices devenant vacants pendant les mois de janvier, d'avril, de juillet et d'octobre, appartiennent aux gradués. Beaucoup sont ignorants, mais en vertu d'un *jus* devolut de l'archevêque, s'emparent de force des bénéfices vacants; tel cadet en possède violemment jusqu'à vingt « par son degré. »

Si nous en croyons donc les auteurs de nos trois Mémoires, le clergé manque à plusieurs de ses devoirs : la résidence, l'instruction religieuse des peuples, la distribution en aumônes de la part des revenus ecclésiastiques qui leur est affectée, l'entretien des églises. Beaucoup de ceux qui sont pourvus de bénéfices sont incapables ou insouciants. Il est vrai que le séjour dans une paroisse occupée par ceux de la religion leur est devenu bien difficile; les malheurs de la guerre civile, qui ont frappé leurs prédécesseurs plus capables ou plus zélés, leur ont créé une situation embarrassée, précaire ou même dangereuse. Dans le diocèse de Montpellier, « la calamité des guerres civilles a esté telle que la pluspart des esglizes et temples de Dieu ont esté ruynéz, demoliz et raséz; les relliquières, livreries, ornementz des esglises, cloches et aultres choses nécessaires au service de Dieu, pillé et desrobé; et par ce moyen, le service de Dieu demeure discontinué. »

En second lieu, le clergé n'est pas « jouissant » de ses droits.

Dans le diocèse de Narbonne, « le peuple se rend fort rectif à payer les droicts décimaulx; » les ecclésiastiques « n'ont moyen de satisfaire à leurs cottizations des décimes et subventions, » d'autant que la répartition des décimes, faite suivant l'estimation de 1516, ne répond plus à l'état des revenus des bénéfices.

Dans le diocèse de Montpellier, les ecclésiastiques ont perdu tous leurs fruits dans les lieux occupés par ceux de la religion. Là où ils sont, ils se voient obligés de force de « bailler par arrentement leursdits bénéffices à des marchants, passans ou autres, qui les ont en afferme pour des gentilshommes rapaces. »

Le tableau de l'état du diocèse de Castres à ce second point de vue est navrant. La guerre civile y a fait d'innombrables ravages, rançons, pillages, occupation des revenus « ès années 1562, 1563, 1567, 1568, 1569, 1570, 1572; et encore pour le jourd'hui 1573 occupent tout le revenu desdits ecclésiastiques, sauf ce qui se prend en ceste ville (de Castres) qu'est bien peu. » En temps de paix, beaucoup de gentilshommes ne veulent payer que la dîme du blé et du vin ; d'autres refusent les prémisses ; quelques-uns prennent le bénéfice tout entier, disant « que le bénéfice ne prêche pas. »

La situation du clergé des diocèses de Narbonne, de Montpellier et de Castres nous paraît donc lamentable, tant au point de vue temporel qu'au point de vue spirituel. La source des revenus se tarit tous les jours, soit que les gentilshommes, par besoin ou par mépris du clergé, et le peuple, par esprit d'indépendance ou d'imitation, refusent de payer la dîme et autres redevances ; soit que ceux de la religion, maîtres des paroisses, les perçoivent ; soit qu'ils soient passés par arrentement obligatoire entre les mains de la noblesse.

Les revenus des hauts dignitaires quittent la province ou même le royaume. En beaucoup de lieux, les églises sont détruites, et on ne songe pas sérieusement à les réédifier. Le culte y a été rendu difficile, ou même impossible. Du reste, les hauts dignitaires, soit habitude, soit nationalité, soit cumul des emplois, ne gardent pas la résidence; de même beaucoup de curés, à leur exemple. Les ministres qui restent, par incapacité, lassitude ou impuissance, ne montrent qu'un zèle fort refroidi. Personne ne semble être à la hauteur des devoirs imposés par un état de choses inattendu. C'est le résultat à la fois du Concordat et de la guerre civile, entretenue par ce souffle d'indépendance qui agite et trouble les esprits.

Comment cependant parer à cette situation ? Comment guérir le mal ? Comment remettre l'Eglise de Dieu « en sa force, vigueur et splendeur ? »

Le juge mage de Montpellier s'est seul hasardé à émettre un avis. Pour lui, il est urgent que le roi contraigne les archevêques, évêques, abbés et autres prélats à se rendre à leurs églises et à garder la résidence. Des édits ont été, à maintes reprises, rendus sur la matière; il n'y a qu'à les renouveler, ou même qu'à les mettre en vigueur. En attendant, il faut leur donner à chacun un coadjuteur, « homme docte, saige et vertueulx, » qui visitera les paroisses, veillera à la formation du clergé et fera droit aux plaintes du peuple. Puis le roi pourrait ordonner que les églises seront réparées ou réédifiées selon le cas ; pour en couvrir la dépense, on prendrait le quart du revenu des bénéfices, ou même les biens des huguenots morts sans enfants ou héritiers catholiques ; on contraindrait « les paroissiens au charroir ou maneuvre ; » et en attendant, les consuls des villes et lieux pourvoiraient, « aulx despens publiques, ausdits ecclésiastiques séculiers et réguliers, de lieux honnestes et commodes pour faire le service de Dieu. »

Ces mesures, quelques-unes du moins, si elles avaient été prises, auraient certainement produit un heureux effet. Il faut savoir gré à Pierre de la Coste d'avoir essayé de faire entrer le roi dans la voie pratique des réformes utiles. Il n'est que plus étonnant qu'il n'ait point songé au grand moyen déjà employé par l'Église et qui allait renouveler l'état ecclésiastique, le concile de Trente, dont les réformes remontaient déjà à dix ans (1563). Il est vrai qu'il n'était pas reçu en France ; et ici le développement de l'esprit monarchique tendait à aveugler les plus clairvoyants.

2. La Noblesse.

Pour la noblesse comme pour les ecclésiastiques, le roi avait désiré être instruit de deux points : « Comment se comporte, et s'il y a aulcunes querelles particulières entre eulx. »

Dans nos trois Mémoires, nous relevons des données communes et puis des particularités locales. Parmi les données communes, notons d'abord l'ambiguité dans la conduite et la fureur du pillage, « faisant place les catholicques à ceulx de la nouvelle relligion, pour venir sacaiger, pilher et rançonner les lieux catholicques; et par semblable, ceulx de ladite nouvelle relligion leur rendent la pareilhe; tellement qu'il semble qu'ilz ayent intelligence ensemble de buttiner et soy approprier les biens ecclésiastiques et du tiers estat du peuple. » Ainsi parle le juge mage de Montpellier.

« Monseigneur, » écrit le docteur de Massé, en s'adressant au baron de Fourquevaux, « il est mal aysé de vous dire comme se comportent ceulx de la noblesse pour l'ambiguité de leurs actions; » beaucoup « nagent entre deux eaues et passent partout en temps de guerre. »

Pour le diocèse de Narbonne, Baliste déclare « que la plupart de la noblesse, bien qu'elle se glorifie en tiltre de catholicque et du service du roy, toutesfoys elle faict la guerre lachement, communicque familièrement avec l'ennemy; parlent, mengent et boyvent ensemble; trafficquent, négocient et partagent entre eulx les butins et s'espargnent les ungs les aultres pour raison des parantelles, aliences ou amytiés qui sont entre eulx; tellement qu'il semble que les gentilzhommes et les ennemys ayent juré la ruyne toutelle du peuple. »

Fourquevaux avait donc bien raison de ne voir qu'une guerre de partisans dans les innombrables faits d'armes qui appauvrirent le Languedoc plus encore qu'ils ne l'ensanglantèrent, en 1573[1].

Aussi bien, à en croire Baliste, la passion du lucre est partout et exerce des ravages à faire pitié. « La pluspart des gentilshommes de ce diocèse [de Narbonne] tirannisent tous les autres estatz soubz ombre de quelques charges qu'ils prennent pour le faict de la guerre; » leurs concussions « surpassent les violances mesmes des ennemys; » plusieurs

---

1. Voy. *Etat du diocèse de Saint-Papoul en 1573*.

villes « ayment mieulx recepvoir l'ennemy qu'endurer les façons de faire des nostres ; » abus qui adviennent « pour la faulte des chefz et pour la négligence des prévostz qui connivent et dissimulent aujourd'huy toutes les faultes et excès sans faire aucune punition. »

Dans le diocèse de Castres, les gentilshommes « commectent infinies concussions sur leurs subjectz ; » et si ceux-ci s'en plaignent aux sénéchaux, comme c'est bien leur droit, ils « reçoivent tant de mauvays traictements par de personnes interposées que le pauvre subject en demeure ruyné et sa famille. » « De quoy avons infinis exemples, » ajoute le Dr de Massé.

Le juge mage de Montpellier va plus loin. Les gentilshommes, protestants et catholiques, « courent toutz sur les ecclésiastiques et commung peuple, comme sy leur bien leur estoit donné en proye ; » pour mieux piller et rançonner, ils « entretiennent la guerre civile comme une foyre au marché publique. »

A Montpellier, les compagnies à cheval et à pied ne se contentent pas pour leur solde du taux fixé par le maréchal de Damville ; ils se font nourrir « à leur discrétion, eulx et leurs chevaulx ; » si bien que la dépense d'un homme d'armes s'élève à plus de 150 livres tournois par mois ; celle de l'archer et du cheval léger, à plus de 80 livres ; celle du capitaine de pied, à plus de 150 livres ; celle du simple soldat, à plus de 30 livres ; sans compter la rançon qu'ils prélèvent pour le vêtement.

Dans le diocèse de Narbonne, les capitaines des compagnies sont plus « desbordés » que les soldats ; plus d'ordre, plus de discipline militaire. « Il n'y a compagnie où n'y ayt aultant de raguachons comme de soldatz ; » quelquefois même ils sont accompagnés de femmes de mauvaise vie, « avec grand attiral de chevaulx, asnes et muletz. » Capitaines et soldats rançonnent leurs hôtes, « après leur avoir consommé demesurément leurs vivres, respandu le vin par les caves, donné le bled aulx chevaulx sans mesure, deschiré, rompu et brisé insolentement leurs meubles et quelquefoys laissé le feu après eulx ; » sans parler de « la violence faicte à l'honneur des femmes et filles, et aux personnes des hommes ; le tout sans aucune punition et justice. »

Du reste, la plupart des soldats levés par le maréchal de Damville en Provence, en Languedoc et dans le Dauphiné, « sont huguenaulx. » Ils « se vont rendre tous les jours à grosses troupes par devers l'ennemy, et font après plus de maulx aux catholicques que ne faisoyent auparavant les aultres. »

Les principaux capitaines qui portent les armes contre le roi sont les sieurs de Castelreng [1], de Raissac et du Vilar, pauvres gentilshommes « de deux à troys cens livres de rente pour le plus ; » puis, n'étant pas gentilshommes, « deux frères du lieu de Mailhac, paysans, nommés Molinier *sive* Turennes, le capitaine Masamet, mareschal, aultre nommé capitaine Fornier dict Poltron, serrurier, aultre nommé capitaine Beulaigue, prebtre renyé..., un nommé capitaine Fabre, paysant de Sainct-Pol-de-Fenolhèdes. »

Les « blasphèmes et reniement du nom de Dieu » sont les « vices familiers » à la noblesse du diocèse de Narbonne ; il « semble à plusieurs ne pouvoir estre reputés gentilzhommes s'ils ne renyent Dieu à chasque mot, » au point « qu'il n'y a aujourd'huy royaulme en la chrestienté plus desbordé en ceste faulte. » En un mot, « partie de la noblesse est venue à telle insolence, qu'elle n'a aucune crainte ny révérence de la justice ; ains faict tout ce que bon luy semble, constituant le droict et la force, et nomméement les petitz et les pauvres d'entre les gentilzhommes. » Plus d'une fois les prisonniers ont été délivrés de la prison et les malfaiteurs soutenus et favorisés par une désobéissance insolente aux officiers de justice.

Quel remède appliquer à un tel mal, dont la grandeur et l'étendue nous étonnent ? Seul le juge mage de Montpellier a hasardé un avis. Du moins, il propose une cure

---

1. Cf. *Mémoires de Jacques Gaches*, 137. Ed. Pradel. Paris, Sandoz et Fischbacher, in-8º, 1879.

énergique : 1° que le roi ordonne que « chacung gentilhomme seigneur juridictionnel » soit tenu « à la garde de son lieu ou villaige, contenir ses subjectz en obéissance sans courir les ungs sur les aultres, et les fère vivre en paix avec ses circonvoysins, » sous peine de privation du fief et de remboursement aux intéressés ; 2° que l'on pourvoie à la solde des gens de guerre « à la charge de payer de gré à gré, sur peyne d'estre casséz, et aultres peynes ; » 3° que le roi enjoigne « estroictement à ladite noblesse l'obéissance aulx commandements des officiers de la justice, sur peyne de la privation de leurs fiefz. »

3. La Justice.

Entendons d'abord le juge mage de Montpellier, qui, par sa situation, dut être exactement renseigné sur l'état de la justice. Pour lui, l'exercice de la justice, dont l'honnête fonctionnement importe tant à l'honneur du royaume et à la sécurité de tous, est loin d'être en progrès. « L'estat de ladite justice, dit-il, est plus corrompu qu'il ne feust il y a cent ans, ne jamais, de mémoire d'homme. » Le peuple, au lieu du « soulaigement, fin et composition de leurs différentz, paciffication entre eulx, » n'y trouve que la ruine. La première cause en est dans ce fait que les offices de justice ont « esté faictz venalz, » et que les juges, pour recouvrer les sommes avancées, font traîner les procès en longueur, élèvent les taxes sur les vacations, ou même se laissent acheter « par présentz ou argent. » La seconde cause du « désordre en l'administration de la justice èz sièges présidiaulx, » Pierre de la Coste la voit dans cet autre fait que les juges mages, étant « participantz aux rapportz et distributions des procès, » en veulent avoir plus que les autres conseillers et « estre plus taxés de leurs travaux. » Une troisième cause est dans « les offices de procureurs de nouveau erigéz èz sièges présidiaulx. » Lorsqu'on veut plaider, il faut payer l'avocat et le procureur ; « les despens montent plus que le principal ; » et de plus, la jeunesse se refroidit « de vacquer à l'estude, se voyant frustréz du profflct de la postulation. » Ce n'est pas tout, un abus « vient en la justice pour la faulte des greffiers; car estantz les greffes mys à l'enchère, sont receuz à y surdire toutz ceulx que bon leur semble, la pluspart ignorantz, avares et tirantz. »

Le diocèse de Castres est pourvu de deux sièges royaux : la jugerie de Castres et la jugerie de Terrebasse. Seul le juge de Castres appartient à la religion catholique. Mais il s'ingénie « à trover moien d'avoir argent pour faire bonne chère... Il a tousjour[s] la sentence preste pour celluy qui vient le premier avec argent. Il a eslargi par corruption plusieurs prisonniers prévenus de crime de faulce monoie et autres crimes publiques. » Les autres officiers le tolèrent, « affin qu'il leur rende la pareille en autres affaires de plus grande conséquence. » Sous divers prétextes, ils se sont emparés des joyaux d'église; ils ont fait de fausses informations contre les ecclésiastiques et les catholiques zélés pour le service « du roy et de l'esglise; » ils ont opéré une saisie sur « toutz les légatz pies et chappellanies valant plus de dix mille livres. » Les magistrats, tous de la nouvelle religion, sont les premiers à contrevenir aux édits du roi. Pour établir leur culte, ils ont réussi à faire que les avocats et les notaires appartiennent à la nouvelle religion. A Castres, il n'y a qu'un seul avocat catholique. Dans ce ressort, il se fabrique beaucoup de fausse monnaie; des « usures manifestes et aultres crimes » s'y commettent « sans aucune punition. » La police se fait mal. « Brief, en ceste judicature de Castres, aucun ordre de justice n'est gardé, et moings à celle de Terrebasse. » L'auteur du Mémoire ajoute un mot sur les officiers de finances. Ils sont tous de la religion nouvelle. Pour favoriser les protestants, ils « ont si lordement abuzé, à l'aliénation du domaine du roy, qu'ilz ont declairé pour 100 plusieurs terres dudit domaine que valoient 1000. » Aux arrentements du domaine royal, le juge de Terrebasse n'a jamais voulu admettre un catholique « pour surdire aux arrentemens du roy. »

A Narbonne, il y a beaucoup d'avocats, des « prévostz » pour la police et les justices ordinaires; la cour du sénéchal

est « à une journée ou deux loing, » à Carcassonne. Les choses n'y vont pas mieux. Baliste, avocat, homme de lois, mêlé aux affaires, ne dit guère autre chose et ne pense pas autrement que Pierre de la Coste, juge mage de Montpellier. La plupart des prévôts ou leurs lieutenants « sont personnes ydiotes et abjectes; » « les voleries, murtres, assassinatz, fabrication de faulce monnoye, et toutes aultres espèces de crimes » sont « en plus grand vogue que jamais. » N'importe : les prévôts ne font les poursuites, « s'ilz n'y sentent beaucoup de gaing »; on ne voit « aucune punition des crimes et excès. » Les délits demeurent également impunis devant les justices ordinaires : si le délinquant est riche, « il s'arme de lettres d'appel et inhibe le premier juge; » s'il est pauvre, personne ne lui veut « faire partie; » alors le procureur du roi est « seul partie; il n'y a argent après pour payer »; le délinquant reste impuni. Du reste, les droits perçus par les greffiers des cours « excèdent l'ancienne taxe du double de beaucoup plus; » et parce qu'ils tiennent en afferme leur greffe qui a été mis « à trop hault prix, » ils ne peuvent se sauver, « s'ilz ne desrobent. »

Trente ou quarante villages appartiennent à la viguerie de Narbonne; mais la plupart des causes qui viennent à cette cour « sont en demande de petites sommes et de peu d'importance. » Il faut que le « pouvre homme » y paye sa dépense, le greffier, son avocat, et, de plus, depuis peu, son procureur : les frais de la première journée dépassent « le plus souvent toute la demande ; » on aime mieux perdre sa dette.

Le sénéchal, au surplus, retient bien des causes qui devraient être renvoyées « aux ordinaires, pour éviter fraiz aux parties ». Aussi les riches évoquant toujours la cause au sénéchal, le pauvre n'a plus le moyen de poursuivre; il abandonne son droit ou perd sa cause. Il en est de même pour les matières féodales, que le sénéchal « s'attribue seul pour les privilèges de la noblesse et en prohibe la cognoissance aux aultres juges royaulx inférieurs. » Et ainsi les vassaux, ne pouvant « aller deffendre leur opposition, » sont contraints « à ce qui n'est pas raysonnable. »

Enfin, « les magistratz et juges se taxent excessivement leurs rapportz; » il serait plus avantageux au peuple de porter une autre taille « pour leur payer gaiges souffizans à leur entretenement, que payer lesdits rapports. »

L'abus est criant, le désordre profond; comment rendre à la justice sa dignité? Baliste ne voit qu'un moyen : « faire que tous ofices de judicature se baillent par eslection, sans finance et à temps; » il croit par là ôter l'ambition, la faveur, la corruption et la tyrannie, « vices communs aux officiers perpétuels. » Pierre de la Coste demande la réduction des officiers de justice, leur nomination à l'élection par le peuple et des « gages compétentz: » 1,200 livres tournois pour les juges mages, 600 pour les « lieutenentz principaulx, » une fixation par le parlement des taxes des rapports. Il voudrait encore que les magistrats appartiennent à la religion catholique, et que les édits de « pacitfication, portant abolition generalle de toutz cas, murdres, larrecins, pilheries, faicts durant lesdits troubles », ne s'appliquent qu'à ce qui aura été fait « en forme de guerre et hostilité. »

4° Le Peuple.

Par le mot peuple, les auteurs de nos trois Mémoires entendent tout ce qui n'appartient ni au clergé, ni à la noblesse, bourgeois, marchands, paysans.

Cette dernière partie de leurs Mémoires se distingue par deux caractères bien marqués : le peuple est la première victime des malheurs du temps; des moyens de soulagement y sont donc proposés; mais, malgré tout, le peuple reste attaché au trône; ceux de la nouvelle religion sont seuls à s'en éloigner; ils mettent ainsi le trouble dans l'Église et dans l'État; il faut donc favoriser les catholiques. Les trois Mémoires sont d'accord pour reconnaître que l'état du peuple fait pitié; qu'il mérite d'attirer l'attention et le plus tendre intérêt de la part du roi.

« Le dernier poinct de la lectre close, » écrit le juge mage de Montpellier, « est pour scavoir quelle inclination a le peuple et comme chacung vit avec l'aultre, mesmes pour les différentz quy ont esté pour le faict de la relligion. Ledit peuple a esté tousjours très fidelle et obéissant à sadite Magesté, prest à exposer sa vye pour son service, bien marry qu'il n'a les forces et le moyen des biens pour montrer extérieurement l'affection intérieure qu'il a à son service et obéyssance, le suppliant très humblement avoir pitié de luy, le fère vivre en paix et paciffication,... le laisser labourer sa terre... sans en estre destourné ne empêché,... n'ayant icelluy pouvre peuple aultre recours, après Dieu, que à sadite Magesté. » Le peuple du diocèse de Montpellier vit en paix, « obliant les injures, pertes et domaiges souffertz pour le passé pour la diversité de relligion. » Pierre de la Coste supplie le roi « luy remectre partye des talhes et aultres impositions ; » car il a souffert des « folles » et « pertes » et il y a « stérillité de toutz fruictz. »

Baliste pense que le plus grand bien que « Sa Majesté pourroit faire à son pouvre peuple... seroit de prester l'oreille quelquefoys à ses doléances et luy donner entrée devers sa personne, pour luy pouvoir demander justice, quand il en a besoing. » Le peuple n'ose, en effet, parler ; il souffre « grandes oppressions. » L'ordonnance royale « portant prohibition d'imposer aucuns deniers » est grandement préjudiciable ; car les villes et villages, pour une minime dépense, sont obligés d'aller en cour ; les frais dépassent « la somme principale. » Les impositions pour l'année 1573 ont été faites « par capitation » et avec infinité d'abus : « il n'y a eu que le pouvre laboureur qui a tout porté. » Ici cependant le peuple n'échappe pas à tout reproche. Dans le diocèse de Narbonne, on constate l'abus « dans la superfluité des habitz. » On dépense beaucoup pour « l'achapt des draps de soye, passemens et visetes d'or et d'argent, qui sont en usaige si commungs que jusques aux paysans et leurs femmes en sont vestus. » Par la faute de la police, toujours négligente, les marchands « ont enchéri leurs ouvraiges et marchandises, de telle façon qu'on ne les vit jamais à si hault prix. » Et cependant, ils ont « soffisticqué, corrompu et falcifié leurs ouvraiges et marchandises. » L'ordonnance du roi « mandant que toutes drogueries et draps de soye venans des royaumes estrangiers en France, aillent acquicter les droictz à Marseille et à Lyon, à peyne de confiscation, » a porté grand préjudice à Narbonne, « frontière d'Espaigne et port de mer, » où les marchandises abordaient. N'est-ce pas, du reste fort incommode pour les marchands qui veulent diriger leurs produits vers Toulouse et Bordeaux, d'aller « premièrement abourder à Marseille et à Lyon ? » Le roi est donc prié d'ordonner que les fermiers généraux de la douane de Marseille et de Lyon tiennent un bureau et un commis à Narbonne. Enfin, le roi, en donnant cours en son royaume à plusieurs espèces de monnoie, « lesquelles n'ont d'aloy la moitié de ce qu'on les faict valoir, » a rendu les entreprises des faux monnayeurs plus faciles ; les fausses monnaies circulent sur tous les marchés, au grand préjudice du peuple.

Si nous en croyons le Dr de Massé, le peuple du diocèse de Castres est loin de cette paix molle et résignée dont parlait tout à l'heure le juge mage de Montpellier. Il est vrai que les bourgeois et les marchands exercent sur le menu peuple une tyrannie insolente et dure, dont la religion est le prétexte coupable. « Quasi tout le menu peuble des villes et des champs, » dit-il, « est catholique, enclin, si estoint *sui juris*, de vivre soubz l'obéyssance du roy et ses édictz et de l'esglise catholique. Le gros borgeois et marchans trafiquans peisen fault que ne soient toutz de ladite religion novelle, aient aultre inclination contrère pour dissiper l'estat de l'esglise, du roy et du public. » Pour détacher le menu peuple de la religion traditionnelle, ils lui ont promis « qu'ilz seroient libres et francz de paier dixmes à ladite esglise, talhes au roy et autres deniers. » Au besoin, ils ont usé de violence, disant qu'il fallait ou passer à la religion nouvelle ou quitter la ville. Ainsi, ils sont parvenus à s'emparer de « l'entière administration du public. » Ils ont établi deux conseils : le Conseil de ville et le Consistoire. Par le Conseil de ville, ils se gouvernent eux-mêmes, ne tenant aucun compte des édits du roi, s'emparant des biens ecclésiastiques, abolissant les fêtes et les anciennes coutumes, mettant « sus gens de guerre pour résister aux lieutenans de Sa Majesté », entretenant « continuelllement gens de guerre dedans et dehors ceste ville pour estre prestz à toute heure pour aller contre le Roy, » levant de « grandes sommes de deniers pour fournir à l'estat du feu amiral. » Depuis le dernier édit de pacification, ils ont été trois fois en mesure de prendre les armes « et de donner sus les catholiques », auxquels ils ne cessent de refuser toute « part à ladite maison commune, ou aucun estat ou de consul, scindic ou conseiller. » Ils ne sont jamais à court de vexations, permettant, pour empêcher les processions, même celle du sacre, « qu'on fît de fumées puantes... et qu'on jetât de pierres, » ruinant la nuit la bâtisse élevée le jour par les catholiques « pour s'assembler et faire le service de Dieu, » leur ôtant le moyen de gagner leur vie, distribuant aux huguenots seuls tout le bien des pauvres, etc.

Le Consistoire est composé « des ministres, magistratz, et des principaux factionaires et séditieux de la ville. » Il règle tout ce qui regarde la guerre, la religion, la justice et les finances; il ordonne « l'enrollement des gens de guerre; » il installe les ministres; il tient « court secrétement pour punir ceulx qui contreviennent aux loys de l'admiral »; il fait « les impositions de deniers; » il veille à ce que les gens du parti ne communiquent point avec les catholiques « comme personnes reprouvées et infidelles; » si quelqu'un veut revenir à l'église, ils « le tormentent par amandes, injures et aultres moiens illicites. » A Castres et dans tout le diocèse, « en somme ilz tiennent loys et magistratz pour eulx, contrères à celles de notre prince, comme s'ils estoient monarques. »

Le Dr de Massé termine en disant que, s'il voulait « metre par le menu les maux que le public soufre, » il faudrait écrire « tout un grand volume. » Arrêtons-nous donc nous aussi, non toutefois sans avoir essayé de mieux fixer la nature de nos trois Mémoires et de dire un mot de leur valeur historique.

III.

Ces trois Mémoires, on le voit par le court résumé qui vient d'en être présenté, ne rendent l'état des diocèses de Narbonne, de Montpellier et de Castres qu'au point de vue limité par les lettres royales : l'obéissance au roi, la fidélité à l'Église. Mais les guerres de religion n'avaient pas tardé à jeter partout le trouble, la violence et la misère. La désolation matérielle et morale paraissait à son comble. Puisque le roi désirait être instruit sur la situation de la province, l'occasion était bonne de lui faire entendre des doléances, capables de le faire sortir de sa torpeur, d'imposer des mesures à son esprit irrésolu, de donner de la suite à ses conseils. On admettra difficilement que toutes les paroisses fussent abandonnées par le clergé, que pas un magistrat n'occupât dignement son siège, que tous les nobles ne fussent que des partisans ou des rebelles, que pas un seul huguenot ne s'inspirât des conseils de la justice et de la modération évangélique, que nulle part, même dans le diocèse de Castres, le menu peuple ne fût libre dans l'exercice du culte. Pierre de la Coste, Baliste et le Dr de Massé devaient donc passer sous silence le bien dont le Languedoc pouvait encore se glorifier, au milieu des malheurs, sous le poids desquels une province plus pauvre et moins vertueuse aurait inévitablement perdu, pour longtemps, toute force morale et tout moyen de se relever. Ils formulèrent donc des « doléances », c'est l'expression de Baliste ; à côté du mal, ils indiquèrent parfois le remède. Le tableau qu'ils viennent de tracer, en résumant l'histoire des diocèses de Narbonne, de Montpellier et de Castres depuis le commencement des troubles, c'est-à-dire depuis l'année 1561, et même pour le clergé depuis le concordat, ne contient-il pas des couleurs trop sombres? C'est assurément possible, même vraisemblable. Il ne s'ensuit pas qu'il ne renferme que des exagérations, qu'il ne repose sur aucun fonds de vérité. Lisez les Mémoires du temps, par exemple les *Mémoires de Jacques Gaches*, publiés par notre confrère, M. Ch. Pradel, et vous verrez combien dans le détail ils concordent avec ces cahiers de doléances. La nouvelle édition de l'*Histoire de Languedoc* (t. XII) contient quelques pièces, anciennes ou nouvelles, qui, si elles ne se rapportent pas directement aux diocèses dont nous nous occupons, nous éclairent sur la situation générale de la province et ainsi confirment indirectement les dires de Pierre de la Coste, de Baliste et du Dr de Massé. Par exemple, déjà en 1561, le clergé du diocèse de Toulouse demandait, dans une requête au roi, que les prélats fussent tenus de résider, de mettre la main à l'éducation du peuple, de visiter souvent leurs diocèses ; qu'on ne donnât pas « charge d'âmes à des gens incapables » ; qu'on réparât les églises, etc.[1]. Le syndic du clergé du diocèse de Toulouse écrivant à son agent à la cour, le 11 juin 1563, disait que les ecclésiastiques n'osent habiter dans aucune ville depuis « Narbonne jusques en Avignon[2]. » Ceux de l'Église réformée du pays de Languedoc se plaignaient, eux aussi, de la longueur des procès et demandaient que le roi ordonnât « aux juges gages suffisans[3]. » Les États, réunis à Béziers en 1567, avaient adressé au roi des remontrances pleines d'alarmes[4]. L'attestation de Philippe de Rodot, évêque d'Albi, du 14 décembre 1568, sur la situation actuelle de son diocèse, parle de pillages, de meurtres, de « volleries et damnables affections[5] ». Le 15 août 1573, quelques mois avant la rédaction de nos trois Mémoires, le président Daffis, écrivant au roi pour lui faire connaître l'état du Languedoc, ne voyait partout que désolation et sujets de crainte : l'année est stérile ; les huguenots attirent les soldats catholiques ; les villes composent avec l'ennemi ; grand nombre de gens, « voyans le moyen plus ouvert de butiner et piller, se révoltent et rengent de leur parti, et leur donnent accéz à surprendre les petites villes, dont ilz s'enrichissent[6]. »

1. *Hist. gén. de Languedoc*, XII, 592.
2. *Ibid.*, 690.
3. *Ibid.*, 704.
4. *Ibid.*, 852-860.
5. *Ibid.*, 891.
6. *Ibid.*, 1045.

Je pourrais citer beaucoup d'autres pièces prêtant un appui indirect aux trois Mémoires qui nous occupent.

D'autres les confirment directement.

L'histoire de Toulouse pour l'année 1563 et la lettre du Parlement au roi de cette même année font un triste tableau du massacre des catholiques à Castres[1]. Les remontrances du Parlement, du 13 septembre 1572, déplorent que la diversité de religion « ait pénétré en tous les ordres et estatz » du royaume[2] et demandent une réforme dans la justice. Enfin, en ce qui regarde du moins le diocèse de Narbonne, le baron de Fourquevaux, dans son *Discours au Roi*[3], ne tint pas un langage différent de celui de Baliste.

Les Rapports sur l'état des diocèses de Narbonne, de Montpellier et de Castres sont donc véridiques dans leur ensemble; ils présentent une vérité générale certaine. Il n'est que trop vrai que le peuple de chacun de ces trois diocèses supportait tout le poids des malheurs amoncelés par la guerre civile et religieuse; que la justice devenue vénale s'exerçait au profit du vainqueur, du plus riche ou du huguenot; qu'une noblesse besogneuse, sans dignité et sans autre souci que de reconstituer sa fortune, faisait une guerre de partisans, où beaucoup ne voyaient qu'un brigandage; enfin, que le haut clergé n'entrait que mollement dans les voies austères ouvertes à son zèle par les canons disciplinaires du concile de Trente. Le menu peuple, pressuré et sans appui, et le clergé paroissial, que les huguenots délogeaient de partout ou amoindrissaient là où il se maintenait encore, étaient les deux victimes principales d'une triste division qui n'aurait jamais dû se produire et qu'on avait tout intérêt à arrêter. Cependant, ce n'est pas de sitôt que la réformation du clergé devait s'accomplir; il faudra, pour la France, attendre saint Vincent de Paul, le cardinal de Bérule et M. Olier. De même, le principe de la pacification des esprits ne passera dans la loi française

---

1. *Hist. gén. de Languedoc*, XII, 652, 661.
2. *Ibid.*, 959.
3. *Ibid.*, 1065.

qu'en 1598, à Nantes, grâce au bon sens du plus populaire et du plus spirituel de nos rois, Henri IV. Les idées ont beau être saintes, elles ont beau sortir des entrailles mêmes de la situation présente, et, à ce point de vue, paraître nécessaires, il faut un homme pour les faire triompher, pour les faire passer dans les mœurs et dans les institutions.

I.

Doléances ou état du diocèse de Narbonne présentées à M. de Fourquevaux.

Mémoires pour dresser partie des articles et doléances qui peuvent estre baillés a Monseigneur de Forquevaulx, pour les présenter au Roy, a ce qu'il plaise a Sa Majesté pourvoir sur lesdites doléances et a la réformation des estatz de ses ville et diocèse de Narbonne ; ausquelz articles on pourra adjouster ou diminuer, selon que l'on advisera estre nécessaire et raisonnable.

Premièrement quant à l'estat ecclesiasticque.

Que despuys l'année mil cinq cens treize que le feu sieur de Sainct-Malo de la maison de Brissoné, arcevesque dudit Narbonne, morut, faisant pour lors sa residence en son arcevesché, on n'y a veu resider aucun arcevesque pour instruire le peuple ou luy servir de bon exemple.

Que plusieurs abbés, prieurs, recteurs et autres ayans bénéfice audit diocèse, ne font residence.

Que les deniers du revenu dudit arcevesché montant de trente à trente cinq mil livres tournois tous les ans sont transportés loing et quelquefoys hors le royaume ; qui est d'aultant affoyblir le pays.

Que les bénéfices sont conferés le plus souvent à personnes ignares et indignes, dont les aucuns les gardent aux gentilhommes, marchans, bourgeoys ou aultres mondains et mariés, qui en font estat comme d'ung patrimoine et en tirent le revenu sans les faire servir comme il est requis ; dont vient une partie du désordre qui est en l'église, et que le peuple s'esgare pour estre si mal instruict et ediffié.

Que, en plusieurs endroictz, le peuple se rend fort rectif à payer les droictz décimaulx et se faict tirer en instance et faut plusieurs fraiz pour estre constrainct à payer ; et néantmoings recellent et fraudent tant qu'il peult lesdits droitz ; au moyen de quoy plusieurs desdits ecclésiastiques n'ont moyen de satisfaire à leurs cottizations des décimes et subventions.

Joinct aussi qu'estant les despartemens généraulx desdites décimes faictz suyvant l'estimation et recherche de l'an mil cinq cens et seize, plusieurs bénéfices sont estrangement surchargés et les autres trop peu; de tant que, despuys ce temps-là, les aucungs ont augmenté en valeur et les autres ont diminué, de sorte qu'il en advient grande inégualité tant pour le regard du payement des décimes que pour la aliénation du temporel, dont les ecclésiasticques pourront mieulx especiffier les particularités.

Que, en plusieurs lieux, les seigneurs d'iceulx, gentilzhommes ou capitaines, ont prins et preignent, par violance et de voye de faict, les fruictz des bénéfices qu'ilz s'aproprient, combien qu'ilz portent tiltre de catholicques.

De la noblesse et gens de guerre.

Que la plus part des gentil[z]hommes de ce diocèse tirannisent pour le jourd'huy tous les autres estatz, soubz ombre de quelques cha ges qu'ilz prennent pour le faict de la guerre; de sorte qu'on noyt jamais parler de si estranges concussions, pilleries et rançonnemens qui se font sur les subjectz du Roy par les gens de guerre et ceulx qui les conduisent ou leur commandent, lesquelles surpassent les violances mesmes des ennemys; dont advient que plusieurs villes et lieux ayment mieulx recepvoir l'ennemy qu'endurer les faiçons de faire des nostres; et tout ce désordre advient pour la faulte des chefz et pour la négligence des prevostz qui connivent et dissimulent aujourd'huy toutes faultes et excès sans faire aucune punition.

Que la plupart de la noblesse, bien qu'elle se glorifie en tiltre de catholicque et du service du Roy, toutesfoys elle faict la guerre lachement, communicque familièrement avec l'ennemy; parlent, mengent et boyvent ensemble, trafficquent, négocient et partagent entre eulx les butins et s'espargnent les ungs les aultres pour raison des parantelles, aliences ou amytiés qui sont entre eulx; tellement qu'il semble que les gentilzhommes et les ennemys ayent juré la ruyne toutelle du peuple; dont les particularités se pourroient bien au long et exactement scavoir, s'il plaisoyt au Roy depputer commissaires, gens de bien et d'auctorité, pour en informer secrètement.

Que partie de la noblesse est venue à telle insolence qu'elle n'a aucune crainte ny reverence de la justice; ains faict tout ce que bon luy semble, constituant le droict et la force, et nomméement les petitz et plus pauvres d'entre les gentilzhommes; lesquelz exercent toute tirannie sur le peuple, ne voulans payer aucunes charges pour les biens roturiers qu'ilz tiennent ou achaptent journellement, battant, frapant et murtrissant ceulx qui osent les appeller en justice ou leur desplaire en la moindre chose que ce soyt; de façon que le peuple est si mal affecté envers la noblesse, qu'il est à craindre que bientost ne s'eslève contre elle, ne la pouvant plus supporter, sy Sa Majesté n'y mect quelque bon reiglement.

Que, entre les vices familiers à ladite noblesse, sont les bla[s]phe-

— 28 —

mes et reniemens du nom de Dieu tant communs aujourd'huy et si excécrables qu'il est orreur de les ouyr; en quoy la pluspart des gentilzhommes de ce temps s'est telement habitué (bien qu'elle deubt servir de tout exemple de vertu), qu'il semble à plusieurs ne pouvoir estre reputés gentilzhommes, s'ils ne renyent Dieu à chasque mot; à l'exemple desquelz les soldats et aultre menu populaire s'est telement laissé aller à ce vice, joinct la négligence des officiers à l'observation et entretenement des édictz faictz sur ce, qu'il n'y a aujourd'huy royaume en la chrestianté plus desbordé en ceste faulte que la France; qui peult bien estre une des principales occasions dont Dieu s'irrite contre nous, pour punir ce royaume de la façon que nous voyons.

Les principaulx recogneuz et remarqués qui portent les armes contre le Roy en ce diocèse ou èz environs, sont les sieurs de Gindanes, puisné de la maison de Castelren, de Raissac et du Vilar, tous pouvres gentilshommes de deux à troys cens livres de rente pour le plus, qui sont dans Allet ou Montlaur; quant aux aultres qui ne sont gentilshommes et portent tiltre de capitaine, sont deux frères du lieu de Mailhac, paysans, nommés Moliniers *sive* Turennes, le capitaine Masamet, mareschal, lesquelz sont dans Bizan, autre nommé capitaine Fornier dict Poltron, serrurier, aultre hommé capitaine Beulaigue, prebtre renyé, lequel ayant longuement commandé une compaignie pour le service du Roy, et après avoir faict infinis maulx, s'est rangé avec sa compaignie du cousté des ennemys; aultant en a faict un nommé capitaine Fabre, paysant de Sainct Pol de Fenolhèdes; tous lesquelz sont à présent par les montaignes de la haulte Corbière, frontière d'Espaigne, y ayant occupé plusieurs lieux, et tenans vie de bandolliers, en contraignant les villaiges des environs de leur contribuer.

Que la pluspart aussi des soldatz des compaignies levées par Monseigneur le Mareschal èz pays de Provence, Languedoc et Daulphiné, sont huguenaulx, ne fréquantant jamais les églises; mengent cher en tous temps et sans necessité; et, qui plus est, se vont rendre tous les jours à grosses troupes par devers l'ennemy, et font après plus de maulx aux catholicques que ne faisoyent auparavant les aultres.

Que les capitaines desdites compaignies, pour estre jeunes, de peu d'experiance et de scavoir, ne sont craints, reverés, ny respectés de leurs soldatz; ains les tollerent, et leurs dissolutions, estans plus desbordés qu'eulx mesmes; dont advient qu'il n'y a plus de ordre ne discipline militaire, et que le peuple est tant foullé et mangé par la gendarmerie.

Car, en premier lieu, il n'y a compaignie ou n'y ayt aultant de raguachons comme de soldatz, et quelquefoys ung bon nombre de putains, avec grand attiral de chevaulx, asnes et muletz; de sorte qu'une compaignie de cinquante hommes à pied rentrant en ung lieu porte plus de despense aujourd'huy en ung jour que ne faisoyt le temps passé une de deux cens hommes en quatre.

Joinct qu'ilz ne deslogent jamais d'ung lieu que despuys le capitaine jusques au moindre soldat n'ayent rançonné leurs hostes tant en général qu'en particulier, après leur avoir consommé desmesurément leurs vivres, respandu le vin par les caves, donné le bled aux chevaulx sans mesure, deschiré, rompu et brisé insolentement leurs meubles, et quelquefoys laissé le feu après eulx pour achever de dévorer ce qu'ilz n'avoyent peu consommer ou emporter, oultre et par dessus la violance faicte à l'honneur des femmes et des filles, et aux personnes des hommes; le tout sans aucune punition et justice.

De la justice et officiers d'icelle.

Que les prevostz des mareschaulx ou leurs lieutenans, dont les aucungs sont personnes ydiotes et abjectes, ne scaichant lire ny escrire, ne s'acquictent aucunement de leurs charges; et ne voyt on aucune punition des crimes et excès, bien que les voleries, murtres, assassinatz, fabrication de faulce monnoyes, et toutes aultres espèces de crimes soyent en plus grand vogue que jamais; d'aultant que lesdits prevostz n'en veulent faire la recherche ny la porsuytte, s'ilz n'y santent beaucoup de gaing et peu de travail et de despence.

Quant aux justices ordinaires, on ny voyt non plus de punition des délicts; qui avient pour deux occasions, entre aultres: l'une que, si le délinquant est personne riche, aussitost qu'il sent qu'on informe contre luy, il s'arme de lettres d'appel et inhibe le premier juge; se faict eslargir, s'il est prisonnier; et enfin tout s'oblye à faulte de porsuytte. S'il est pouvre, il ne se treuve aucung que luy veuille faire partie; et si le procureur du Roy est seul partie, il n'y a argent après pour payer, je ne diray pas le juge et le greffier, mais la conduicte du prisonnier appellant de la question, du foet ou de la mort en la court de parlement, là où il fault payer aussi le consierge et les espices, il aict il de quoy ou non; de sorte qu'un juge ordinaire est en grand peyne aussitost qu'il tient ung criminel pouvre; car celluy qui aura denoncé le forfaict, ores qu'il aye esté desrobé, excedé ou endommaigé en quelque sorte, déclaire ne vouloir faire partie, de peur de payer les fraiz; dont plusieurs s'en vont impunis par ce moyen; qui est cause que le nombre des malfaiteurs est tant acreu, que ceste meschante herbe suffoquera en brief la bonne semence, si Sa Majesté n'y prouvoye; de tant que les ennemys ne se renforcent aujourd'huy que de ces misérables qui ont merité, longtemps y a, la corde.

Que les greffiers des cours royalles font infinies concussions et exactions indeues sur le peuple; de sorte que les escriptures, diètes et vacations du greffier ou despeches des parties allans par appel, excedent l'ancienne taxe du double de beaucoup plus, estant impossible aux magistratz y remédier ny empescher le cours de ces malesversations; de tant que lesdits greffiers tiennent les greffes à ferme du Roy, duquel ilz ont faict la condiction meilheure; et pour ceste occasion sont tousjours supportés; mes de tant qu'ilz ont mys lesdites fermes à trop hault prix, ilz n'y peuvent s'i sauver s'ilz ne desrobent. Ce prétexte du proffict du Roy est cause aujourd'huy de tel désordre que les meschans hasardeus et concusseurs entrent ausdites charges, et la porte y est fermée aux gens de bien; à quoy messieurs les trésoriers de France et autres commissaires qui font les harrentemens devroient bien considérer soubz correction, pour n'y récepvoir toutes personnes indiferament, quelle condition qu'ilz fissent, ains seulement les plus gens de bien et approuvés, pour l'importance de laquelle ceste charge est en la républicque. Aussi faut-il croire que Sa Majesté désire plus le soulaigement de son pouvre peuple et la syncère administration de sa justice que le proffict qu'il sçauroit retirer de l'enchère de ses greffes redondant tant à la foulle du peuple.

Le peuple est encor grandement follé par la nouvelle institution et érection des offices de procureurs èz sièges royaulx et inférieurs, mesmes de ceste ville de Narbonne; où ont esté prouveus ausditz estatz certains bazochiens, soliciteurs, ou notaires; de tant que, audit siège, respondent trente ou quarante villaiges estans de la viguerie, et que la pluspart des qualités que s'introduissent en icelluy sont en demande de petites sommes et de peu d'importance; toutesfoys il fault que, oultre la despence que le pouvre homme faict pour venir à la ville sircher justice à payer le greffier et son advocat, il paye encor aujourd'huy son procureur; de façon que les fraiz de la première journée surpassent le plus souvent toute la demande; ou moyen de quoy, le pouvre peuple ayme mieulx perdre sa debte que de le poursuyvre en justice.

Que les advocatz, qui sont en assez grand nombre audit Narbonne pour le regard du siège et des causes qui se traictent, à peyne gaignent leur vie, et ne pourroient se pourvoir desdits eztatz; d'aultant que, oultre les despences excessives qu'ilz ont faict à la porsuytte de leurs estudes et à la deption de leurs degrés où ilz ont employé toute leur jeunesse et despendu leur patrimoine, ilz ne pourroient fornir telle somme de deniers qu'il convient pour la finance desdits estatz; et est chose absurde, dont les estrangiers peuvent à bon droict taxer la France d'ingratitude envers les lettres et gens lectrés qui sont par cy devant tant recommandés, qu'il faille aujourd'huy qu'un june homme, après tant de travaulx et de fraiz, s'il veult commencer de practiquer et gaigner sa vie, il achepte ung estat de procureur; aultrement son sçavoir et ses degrés luy sont inutilles; chose qui refroydira beaucoup la jeunesse de l'estude, laquelle en est desja assés aliénée à occasion des armes, dont ce Royaume tombera en la barbarie qu'on voyt [en] plusieurs aultres.

Que la cour du seneschal retient toutes causes dont il debvroyt renvoyer la plus part aux ordinaires pour eviter fraiz aux parties; et de là vient que, si ung homme riche playde contre ung pouvre pour le ruyner et consumer en fraiz, il relève incontinent au seneschal qui est à une journée ou deux loing, et faict retenir la cause; de sorte que le pouvre n'ayant moyen de le poursuyvre, ou quicte son droict, ou pert sa cause à faulte de porsuytte.

Autant en advient en matières feudales, lesquelles ledit seneschal s'attribue seul pour les priviliéges de la noblesse et en prohibe la congnoissance aux autres juges royaulx inférieurs, dont sortent plusieurs incommodités au peuple et injustices; car si le seigneur fonssier veult faire recognoistre ou payer ung droict que ne luy soyt deu, il exécute et faict assigner par devant le seneschal, où le plus souvent les pouvres vassaulx n'ont moyen ny pouvoir d'aller deffendre leur opposition; ainsi deschéent et sont constrainctz à ce qui n'est raysonnable.

Que les magistratz et juges se taxent excessivement leurs rapportz; de sorte qu'il vauldroit mieulx au peuple porter une aultre tailhe pour leur payer gaiges souffizans à leur entretenement, que payer lesdits rapports; et eroit plus honeste et profflictable qu'ilz fussent entretenuz du public que de prend[r]e argent pour leurs salaires, qui n'est aultre chose que rend[r]e la justice venale.

Il seroyt besoing aussi, pour rendre à la justice sa dignité, qu'il pleust au Roy faire que tous offices de judicature se baillassent par élection, sans finance, et à temps, pour ouster l'ambission, la faveur, la corruction et la tirannie, vices communs aux officiers perpétuelz.

Articles consernans le bien du peuple.

Que le plus grand bien que Sa Majesté pourroit faire à son pouvre peuple et la plus grande consolation qu'il luy scauroit donner seroit de prester l'oreille quelquefoys à ses doléances et luy donner entrée devers sa personne, pour luy pouvoir demander justice, quant il en a besoing. Mais estant le peuple, despuys quelque temps, asubjecti à ceste loy qu'il ne luy est permis se présenter à son roy que premièrement il ne se soyt dressé à d'aultres, et voyant qu'il est souvent forcé se plaindre de celluy mesme qui doibt estre son juge, il n'ose parler et souffre grandes oppressions; lesquelles le Roy ne peult jamais entendre par ce moyen pour y pourvoir, qui revient à son grand prejudice; de tant que sondit peuple ne peult estre oppressé que son estat ne s'en ressente; à raison de quoy, il essaye aujourd'huy le cueur d'une partie de ses subjectz estre fort aliénés de son service.

Que l'ordonnance faicte par le Roy portant prohibition et deffence d'imposer aucuns deniers est grandement prejudiciable au peuple; car si pour ung regard elle est bonne, assavoir pour éviter les larrecins qui se peuvent faire par lesdites impositions, elle est aussi dommaigeable pour infinies aultres considérations : premièrement que n'ayant les pouvres villaiges et communaultés aucuns biens patrimoniaux ny rentes pour supplir *(sic)* aux despences ordinaires et extraordinaires, qui surviennent mesmes en ce temps de troubles, tant pour entretenir les gens de guerre passans et demeurans en garnison, pour reparer leurs murailhes, pour achepter munitions de guerre et pour un milion d'aultres despences autant necessaires comme est au cors le manger et le boyre, il leur est chose plus que forcée de les faire aux despens commungs et au sol et livre. Ce qu'ilz ne peuvent au moyen de la dite prohibition; et de là aviennent les pertes de tant de villes et de villaiges; car pour une despence de vingt, trente ou cinquante livres, il leur fault envoyer en cour pour avoir permission de l'imposer; laquelle permission couste six foys plus que la somme principale. Si le peuple demande ladite permission aux magistratz, seneschaulx, cour de Parlement ou gouverneur lieutennent du Roy, ilz ne la veullent bailler, et toutesfoys commandent de faire lesdites despences ; à faulte de quoy, les consulz et aultres qui ont charge des communes sont emprisonnés et maltraictés ; et s'ilz font lesdits departemens à la mode accoustumée avec le consentement des habitans et de ceulx-mesme qui doibvent payer, voilà incontinant ung procureur du Roy à la traverse qui les met en prévention, ou bien ung des habitans de mauvaise volunté, opiniastre ou mauvais payeur, qui objecte la faulte de ladite permission, et met en peyne lesdits pouvres consulz ; dont aviennent infinis desordres, et enfin que tout le monde abandonne et neglige la cause publicque.

Que cette ordonnance debvroit avoir lieu seulement pour refrener les dons et despences excessives qui se font aux assemblées générales du peuple, et non pour le regard des pauvres villes et lieux qui ne font aucune despence qui ne soyt contraincte et forcée. Mais il en vient tout au contraire ; à quoy Sa Majesté remédiera, s'il luy plaict.

Que la pluspart des impositions faictes durant ceste année 1573 pour le faict de la guerre, tant en deniers que vivres, ont esté faictes par capitation et emprumptz où on a commis infinité d'abuz ; de tant que la nomination des bien aysés qu'on appelloyt n'a esté faicte légitimement, ains à l'apétit de quelques ungs pour le proffict particulier, ou par vengences et malices ; et enfin, il n'y a eu que le pouvre laboreur qui a tout porté : car l'officier, le marchant, le bourgeoys et ceulx qui ont les bonnes bources ont esté soulaigées ; davantaige de ceste façon de lever par capitation reviennent plusieurs surcharges au peuple : car, oultre l'interestz que les cottizés portent pour vendre leur bien à vil pris, affin de faire deniers, il faut après pour les rembourcer, imposer et despartir au sol et livre sur tout le peuple les sommes emprumptées avec l'interestz ; sur quoy les recepveurs prennent doubles gaiges, assavoir de la liève qu'ilz font premièrement sur les bien aysés, et en après sur l'aultre cottization généralle du sol et livre ; le tout, au grand interestz du peuple.

Que l'abus qui se commect en la superfluité des habitz est grand et la despence excessive en l'achept des draps de soye, passemans et visetes d'or et d'argent qui sont en usaige si communs que jusques aux paysans et leurs femmes en vont vestus sans délict ; de sorte qu'on ne congnoyt aujourd'huy aucune différance par les habitz entre les estatz de la République ; et plusieurs bonnes maisons s'en destruisent.

Que les ordonnances faictes par Sa Majesté sur le faict de la police ne sont aucunement observées ny mises à exécution par la négligence de ceulx qui y sont commis ; de sorte que tous les artisans et marchans se sont estrangement desbordés despuys quelques années et ont enchéri leurs ouvraiges et marchandises, de telle façon qu'on ne les vict jamais à si hault prix ; brief ilz vendent autant comme il leur plaict et ne se contentent jamais du proffict, s'il n'est excessif. Encore, oultre cela, ont-ils soffistiqué, corrompu et falsifié leurs ouvraiges et marchandises. Ilz meslent les laynes, et estressicent les draps et les toilhes, les battent mal, font les teintures faibles, apprestent mal les cuirs, et ainsi de toutes autres choses, à faulte de la bonne police qui soloyt estre au temps passé.

Que le Roy permect cours en son Royaume à plusieurs espèces de monnoyes battues en ses coignes, lesquelles n'ont d'aloy la moytié de ce qu'on les faict valoir; sur quoy les faulx monoyeurs prennent occasion de battre et coigner pour le grand profflct qu'ilz y voyent, dont ne redonde pas seulement ung grand destriment au peuple, mais à Sa Majesté mesmes.

Que, au moyen de l'ordonnance faicte par Sa Majesté, commandant que toutes drogueries et draps de soye venans des Royaumes estrangiers en France, allient acquicter les droictz à Marceilhe et à Lyon, à peyne de confiscation, il est faict ung grand interestz à ceste ville de Narbonne, frontière d'Espagne et port de mer, à laquelle plusieurs de telles marchandises souvent abourdent et souloyent abourder anciennement; d'où les habitans retiroient plusieurs profflctz, commodités; toutesfoys le Roy ne restoyt d'avoir ses droictz. Mais encor, oultre cella, est-ce une grande incommodité aux marchans qui veulent prouvoir de pareilhes marchandises les pays du ponant[1] et les conduire vers Tholose et Bordeaulx, qu'il faille qu'ilz a[i]llent premièrement abourder à Marceilhe et à Lyon, où ilz n'ont pas les commodités si grandes de la voicture comme ilz ont audit Narbonne. Joinct que pour l'ignorance de ladite ordonnance, plusieurs pauvres marchans estrangiers venans à Narbonne, comme ilz avoient accoustumé, perdent leurs marchandises par confiscation, sans qu'il y aict en eulx aucune fraude. Pour à quoy remédier, plaise à Sa Majesté ordonner que les fermiers généraulx de la douane de Marceilhe et Lyon tiendront ung bureau et ung commis en ladite ville de Narbonne, pour y recepvoir lesdictz droicts permectant l'entrée desdites drogueries et draps de soye par icelle ville, attendu les susdites commodités.

Au dos, de la main de M. de Fourquevaux: M. Baliste.

ORIGINAL. PAPIER. CHATEAU DE FOURQUEVAUX.

II.

Rapport sur l'état du diocèse de Montpellier adressé à M. de Fourquevaux par le juge mage de cette ville, en réponse aux lettres closes du roi.

Pour satisfaire à la volonté du Roy contenue en ses lettres closes données à La Fibe (*lis.* : La Fère), le xxvj^{me} jour d'octobre[2], mil v^{c}LXXIIj, par Sa Magesté, envoyées à Monseigneur de Forquevaulx, chevallier de son ordre, conseiller en son conseil privé et gouverneur de Narbonne, se fault informer doulcement de l'estat ecclésiasticque, de la noblesse, des ministres de la justice et du commun peuple en ce pays de Lenguedoc.

1. Occident.
2. Les lettres du roi sont du 25 octobre.

[Premièrement quant aux ecclésiastiques.]

Premièrement quant aulx ecclésiastiques, quel debveoir ilz rendent en leur charge et s'ilz sont jouyssantz de ce que leur appartient, ou en trouble.

Fault considérer quand au premier poinct, que la pluspart des arcevesques, evesques et aultres prélatz dudit pays sont absantz des lieux de leur prélature, et ont tousjours esté; tellement qu'ilz n'ont poinct esté veuz en leurs esglizes et diocèzes despuis trente ans en çà; dont adviennent et sont advenuz les inconvenientz quy s'ensuivent.

En premier lieu, que par leur absance, l'instruction du peuple au service de Dieu a cessé; les hereticques comme loups ravissantz se sont gectez sur le troupeau de Jhésu Christ, l'ont gaigné, deceu et trompé et faict le sisme et division en l'Esglise de Dieu telle que nous voyons.

En segond lieu, la principalle substance du pays concistant au revenu desdits arceveschéz, eveschéz et abbayez, est emporté hors dudit pays et une bonne part hors du Royaulme, pour estre les prouveuz desdits arceveschéz, eveschéz et abbayes estrangiers, que cause la pouvreté et ruyne dudit pays; les aulmosnes ne sont poinct faictes; la charité n'est poinct exercée et le revenu des esglizes mal distribué, contre la teneur des sainctz décretz.

L'administration et collation des ordres sacrés cesse; quy a causé au peuple ung tel mesprix d'iceulx, qu'il a cuydé et cuyde iceulx ordres ne servir de rien au salut des âmes, ne ornemens de la sainct[e] esglise.

La pluspart et le plus souvent lesdits bénéffices sont régis par économes subjectz à rendre compte des fruictz, quy tirent tant de revenu qu'ilz peuvent, sans le distribuer en aulmosnes ne reparations nécessaires des églises, comme il est porté par les sainctz décretz, craignant qu'il ne leur feust poinct admis en leurs comptes.

Aultant en est-il faict des aultres prieurés et cures particullières, où les prieurs et curéz ne font poinct de résidence, prennent exemple à leurs supperieurs; tellement que le troupeau de Dieu en souffre grand domaige.

Par quoy et pour pourveoir à telz inconvénientz, seroyt bon, sauf le bon plaisir du Roy, estre faict commandement aulz arcevesques, evesques, abbés et aultres prélatz de l'église se rendre chacung en sa charge, dans le terme qu'il plerra à Sa Magesté ordonner, pour y faire résidence, suyvant aultres eedictz et ordonnances sur ce faictes; et cependant et jusques à ce qu'ilz se soyent rendus en leur charge, leur bailler à chacung ung coadjuteur, homme docte, saige et vertueulx, que l'on pourra prendre de la Sarbonne ou d'ailleurs, avec puissance de prescher, conférer les ordres sacrés, contraindre à résidence les prieurs et curéz particuliers, faire la visite des esglizes du diocèze et pourveoir à la difformation des ministres de l'esglize et aux plainctes du peuple; et affin qu'ilz ayent moyen s'entretenir, leur assigner une portion des fruictz desdites prélatures, à tout le moings jusques à la quatriesme partie desdictz fruictz; et par ce moyen, l'esglize de Dieu se pourra remectre petit à petit en sa force, vigueur et splendeur.

La calamité des guerres civiles a esté telle que la pluspart des esglizes et temples de Dieu ont esté ruynéz, demoliz et raséz, les relliquières, livreries, ornementz des esglizes, cloches et aultres choses nécessaires au service de Dieu, pillé[z] et desrobé[z]; et par ce moyen le service de Dieu demeure discontinué.

Pour à quoy pourveoir, sembleroit bon, sauf le bon plaisir de Sa Magesté, d'ordonner que lesdites esglizes seront reparéez ou reediffiées, et à ces fins, seroyt prins le quart du revenu desdictz bénéffices, quy seroyent aultant deschargéz des decimes, et contraindre le peuple et parrossiens au charroir et maneuvre dans le diocèze, si mieulx Sadite Magesté n'ayme les faire reparer aux despens des biens des principaulx séditieulx mortz sans enfentz et héretiers catholiques; et cependent qu'il soyt enjoinct aulx consulz des villes et lieux de pourveoir, aulx despens publiques, ausdits ecclésiasticques, séculiers et réguliers, de lieux honnestes et commodes pour faire le service de Dieu.

Une bonne partie des lieux et villaiges dudit pays sont occupéz par ceulx de la nouvelle relligion, où ne se faict aulcung service divin; qu'est cause que grand partie du peuple se retire à eulx et leurs presches et se séparent de l'esglize catholicque, appostolicque et romayne; les aultres quy percevèrent en leur relligion demeurantz dans ladite esglize, vivent sans exercisse de relligion, comme pouvres brebis esgaréez ne treuvant de quoy paistre; et ne leur reste aultre chose que d'espérance qu'ilz ont en la grâce de Dieu et bonté de Sa Magesté royalle, qu'ilz mectront fin auxdits troubles.

Quant au segond poinct, s'ilz sont jouyssantz de ce que leur apartient ou en trouble.

Pour le regard des lieux occuppéz par ceulx de la nouvelle relligion, lesdits ecclésiasticques n'en sont poinct jouyssantz, ains privéz de tous leurs fruictz, et en dangier, s'ils peuvent estre tenuz, de les fère mourir.

Aulx aultres lieux ilz jouyssent des fruictz de leurs bénéffices, payent les décimes et portent aultres charges neccessaires.

Combien que par les eedictz de Sa Magesté, il soyt deffendu aulx gentilzhommes de se rendre fermiers des fruictz des bénéffices sur les peynes y contenues, sy est-ce toutesfoys que en plusieurs partz dudit pays, ilz suppozent de merchans, paysantz ou aultres aptez à tenir lesdits arrentements, quy leur prestent le nom seullement; en quoy est faict fraude ausdits eedictz et les abbuz continuéz.

Et sy les prieurs et curéz ne veullent bailler par arrentement leursdits bénéffices aulx personnes et pour le prix qu'ilz veulent, ilz donnent toutz empêchementz possibles ausdits bénéfficiéz, et leurs rentiers permectent qu'on leur desrobe lesdits fruictz de nuict ou de jour sans en faire informer par leurs officiers, et n'endurent que leurs subjectz en deppozent la vérité; tellement que les pouvres prieurs et curéz quy sont tenuz fère le service divin, administrer les sainctz sacrementz, payent les décimes et autres charges, sont contrainctz abandonner leurs dits bénéffices, ne treuvant aulcungs rentiers d'iceulx ; et s'ilz les tyennent à leurs mains, après avoir sarrèz les fruictz à grandz fraiz et despens, leur sont pilhéz et desrobéz par le support, faveur et connivence [1] des seigneurs jurisditionels desdits lieux.

Sur quoy, fault supplier Sadite Magesté de mectre lesdits bénéffices, leurs serviteurs, rentiers et autre familhe, ensemble leurs fruictz, en sa protection et sauvegarde, les baillant en garde aulx seigneurs jurisditionels, leurs officiers et consulz desdits lieux, à la charge de respondre de toutes les forces et violences que seront faictes ausdits bénéfficiers et leurs fruictz ; ou bien de mectre les inquisitions qu'ilz en auront faictes avec les délinquantz èz mains de justice au plus prochain siège présidial pour estre pugnis.

Lesdits arcevesques, evesques, abbéz, prieurs et curéz se plaignent de ce que, ayant vendu grand partye de leur temporel pour satisfaire aulx subventions requises par Sa Magesté et par ce moyen leur revenu d'aultant amoindry et diminué, et toutesfoys ils payent aultant de cottisation de décimes, comme ilz faisoyent auparavant ladite aliénation et diminution dudit temporel ; à quoy plerra à Sadite Magesté avoir esgard et pourveoir de tel rebais de décimes que montera le revenu aliené.

Combien qu'il soyt expressément deffendu aulx consulz des villes et autres ayant charge des logis des soldatz les loger èz maisons desdits ecclésiastiques, ne les contraindre à aulcune contribution pour leur norriture et solde pour raison de leurs biens ecclésiasticques, sy est-ce qu'ilz font ordinairement le contraire, surchargeant lesdits ecclésiasticques. A quoy plerra à Sadite Magesté pourveoir et ordonner répétition sur ceulx quy auront contrevenu ausdits eedictz et ordonnances d'exemption à leur propre et privé nom.

[Pour le regard de la noblesse]

Et pour le regard de la noblesse, comment se comporte et s'il y a aulcunes querelles particulières entre eulx.

Quand au premier poinct, il est bien aysé à veoir que la plus grand continuation des guerres civiles est causée par le support, dissimulation et connivence de la noblesse, quy est tellement confederée ensemble qu'ilz font quicte, mais courent toutz, les ungz d'ung cousté, et les aultres de l'aultre, sur les ecclesiasticques et commung peuple, comme sy leur bien leur estoit donné en proye ; faisant place les catholicques à ceulx de la nouvelle relligion pour venir sacaiger, pilher et rançonner les lieux catholicques ; et par semblable ceulx de ladite nouvelle relligion leur rendent la pareilhe ; tellement qu'il semble qu'ilz ayent intelligence ensemble de buttiner et soy approprier les biens des ecclesiasticques et du tiers estat du peuple ; et à ces fins entretiennent la guerre civile comme une foyre au marché publique. Pour à quoy pourveoir, sembleroit bon, sauf le bon plaisir de Sadite

---

1. Ms. : *Connuvence*.

Magesté, après que Dieu nous aura prouveu d'une bonne paix, ordonner que chacung gentilhomme seigneur juriditionnel sera tenu à la garde de son lieu ou villaige, contenir ses subjectz en obéissance sans courir les ungs sur les aultres, et les fère vivre en paix avec ses sirconvoysins, sur peyne de privation de son fief et de rambourcement aulx interesséz par leur faulte et négligence.

Les companies à cheval et à pied estans en garnison audit pays ne se sont jamais voulcu contenter du taux faict par Monseigneur le Mareschal de Dampville, gouverneur et lieutenant général du Roy audit pays, suffizant pour l'entretennement d'ung chacung; duquel taux le peuple se feust contenté, et par l'obéissance qu'il porte à Sa Magesté se feust parforcé de le fournir, combien qu'il soyt asséz chargé de tailhes et autres impozitions. Mais au contraire se sont tellement licentiéz qu'ilz se sont faictz nourrir à leur discrétion, eulx et leurs chevaulx; de telle sorte que la despence d'ung homme d'armes est venue à plus de cent cinquante livres tournois pour moys, de l'archier et cheval légier à plus de quatre vingtz livres tournois pour moys, du cappitaine de gens de pied à plus de cent cinquante livres pour mois, et du simple soldat à plus de trente livres tournois pour moys, et à l'équipolant des autres membres desdites *companies*; et non contantz de ce, les soldatz ont contrainctz leurs hostes leur bailler argent pour s'abilher; tellement que le pouvre peuple en demeure destruyct et ruyné; et ont plus monté lesdites folles que quatre tailhes qu'ilz payent au Roy.

Sembleroyt bon, sauf le bon plaisir de Sadite Magesté, pourveoir doresnavant de solde ausdites gens de guerre à cheval et à pied, à la charge de payer de gré à gré, sur peyne d'estre casséz, et aultres peynes ordonnéez par les ordonnances et reiglementz sur ce faictz.

La noblesse qu'est la force de la justice ne tient compte d'obéir aulx magistratz et officiers d'icelle; ains se rend proterve, desobéissante, rebelle, usant de menasses bien souvant effectuéez contre les officiers d'icelle, violer et expolier les prisons des prisoniers, retirer et favorir les malfacteurs. Sembleroyt bon, sauf le bon plaisir du Roy, enjoindre estroictement à ladite noblesse l'obéissance aulx commandementz des officiers de ladite justice, sur peyne de la privation de leurs fiefz et autres contenues ez ordonnances de Sadite Magesté.

[De l'ordre qu'est en la justice.]

Quand au quatriesme poinct, de l'ordre qu'est en la justice, est à considérer que l'estat de ladite justice est plus corrompu qu'il ne feust, il y a cent ans, ne jamais, de mémoire d'homme; car au lieu que le peuple doyve recevoir soulaigement, fin et compozition de leurs différentz, pacifification entre eulx, ilz ne receoivent que ruyne, mysères, destructions et pouvreté; laquelle peste et contagion est advenue à ladite justice par les moyens et occasions quy s'ensuivent.

Premièrement, la justice estant chose sacrée venant immédiatement de Dieu, ne devant estre profanée, mais communiquée aux officiers d'icelle par Sa Magesté, en laquelle Dieu a mys la source d'icelle, despuis quelque temps en ça, elle a esté rendue venalle, ayant les offices esté faictz venalz contre toute disposition de droict et anciennes ordonnances en ce royaulme; dont advient que les juges prouveuz par argent, ne font consience de recouvrer sur le peuple par le menu ce qu'ilz ont payé tout à ung coup; et de là procédent la longueur et inmortalité des procès, les faveurs des juges acquises par présentz ou argent, les taxes excessives des rapportz, et autres vaccations. Pour à quoy pourveoir, sembleroit bon, sauf le bon plaisir de Sadite Magesté, fère réduction des offices neccessaires en chacune province ou ville cappitalle, lesquelz soyent donnéz à gens doctes, scavans, de bonne vye et meurs, à la nomination du peuple, comme Sa Magesté ordonna èz ordonnances d'Orléans et de Molyns; ausquelz soyent assignéz gáges compétentz pour leur entretennement, oultre les rapports des procès et moderéez taxes de vaccations.

Le principal désordre en l'administration de la justice èz sièges présidiaulx dudit pays provient de ce que les juges mages qu'on appelle lieutenens généraulx, et les lieutenens principaulx appelléz particulliers, quy doyvent présider ausdits sièges, sont participantz aux rapportz et distributions des procès; dont advient que pour leur authorité ilz en veullent avoir plus que les aultres conseillers; les prenent bien souvent sans distribution; veullent estre plus taxéz de leurs travaulx et visite d'iceulx, que s'ilz estoyent visitéz et rapportéz par les conseillers; qu'est cause de plusieurs débatz et contentions qu'adviennent entre lesdits présidentz et les conseillers, occupantz la pluspart du temps au lieu de vacquer à l'expédition de la justice. Pour à quoy pourveoir, sembleroit bon, sauf le bon plaisir de Sadite Magesté et suyvant les dernières requisitions dudit pays, ordonner gaiges compétantz ausdits juges mages, quy sont les présidentz de la province, à prendre sur les deniers revenantz bons au pays de l'imposition faicte sur le seel de troys soulz par quintal de seel, pour le payement des gaiges des sièges présidiaulx, équipollantz lesdits gaiges à douze cens livres tournois par an, et des lieutenens particuliers qu'on appelle audit pays lieutenentz principaulx, jusques à six cens livres; et moyenent ce, ilz ne prendroyent aulcungs rapportz ne distributions, qu'ilz despartiroyent entre les conseillers esgallement et pourvoirroyent mieulx à l'excessyve taxe des rapportz et vaccations; en quoy le peuple seroit grandement soulaigé, la justice mieulx administrée et de plus authorisée; et n'auroyent occasion de soy plaindre de ce les habitans dudit pays; car aussy lesdits deniers revenantz bons se perdent et esgarent, sans que ledit pays en ayt aulcune ou bien peu de proffict; et n'en vient rien à la bource du Roy.

La multiplicité des offices en la justice engendre une grande ruyne et vexation au peuple en l'exercisse d'icelle, mesmes les offices de procureurs de nouveau erigéz èz sièges présidiaulx et ordinaires dudit pais; qu'est une grande surcharge au peuple, quy fault qu'il paye l'advocat et le procureur, lorsqu'il veult plaider, n'estant question bien souvent que de peu de chose, tellement que les despens montent plus que le principal. Pareillement sont ilz domaigeables pour reffroidir la jeunesse de vacquer à l'estude, se voyant frustréz du proffict de la postulation, au moyen desdits procureurs ; qu'est la seulle récompense qu'ilz espérent de leur travail et estude. Seroyt bon supplier Sa Magesté supprimer lesdits offices de procureurs superflus et domaigeables comme dessus audit pays.

Aultre grand abbuz et domaige vient en la justice pour la faulte des greffiers ; car estantz les greffes mys à l'enchère, sont receuz à y surdire toutz ceulx que bon leur semble, la pluspart ignorantz, avares et tirantz, quy estantz en l'exercisse d'iceulx font plusieurs faultes et abbuz grandement préjudiciables au pouvre peuple, comme surexactions, faulcetés, excessivité et multiplication de diettes et aultres escriptures. Pour à quoy pourvoir, sembleroit bon, sauf le bon plaisir de Sadite Magesté, de mander à ses courtz de parlementz vacquer à toute diligence au reiglement et taxe des esportules et vaccations desdits greffes tant ordinaires que présidiaulx, et icelluy envoyer à chacung siège pour y estre gardé inviolablement, sur peyne aux greffiers contrevenentz du quadruple du surexigé, et de pugnition corporelle, et aux juges et procureurs de Sa Magesté qui l'auront enduré, de privation de leurs offices.

Il est aussy neccessaire, s'il plaist à Sadite Magesté, ordonner que sa justice sera administrée par ses officiers catholiques et quy ont tousjours perceveré en l'obéissance de Dieu, de son esglize et de Sadite Magesté, et non par aultres de la nouvelle relligion ou réduictz par faintize, à tout le moings jusques à ce qu'ils ayent faict preuve évidante de leur vraye réduction par confession de foy faicte par devant leur prélat et continuation en icelle, leur permetant, sy bon leur semble, s'en desfaire en faveur des catholicques.

La générallité des eedictz de pacifficcation portant abolition généralle de toutz cas, murdres, larrecins, pilheries, faictz durant lesdits troubles, a porté et porte grand trouble à la justice, se voulant ung chacung excuser des crimes et délictes par eulx faictz durant les troubles et hors de voye et faction d'hostillité. Plaise à Sa Magesté déclairer la générallité desdites abolitions estre restraincte en ce seullement que se treuvera avoir esté faict en forme de guerre et hostillité, sans y comprendre les murdres et sacaigementz faictz de sang froict par vengence et inimitié particulière.

Pour obvier aux abus quy se commectent à la faction des enquestes par l'ignorance des greffiers, notaires ou aultres clercz, quy s'ingèrent à les fère, sera le bon plaisir de Sadite Magesté deffendre que lesdites enquestes, exécutions et autres actes portantz congnoissance de cause, soyent faictes par aultres que les magistratz ou advocatz graduéz, sur peyne de nullité et de répétition du quadruple de ce que lesdits greffiers, notères ou clercz en auront exigé.

Et quand à nommer les officiers de ladite justice quy ont la réputation de soy bien aquicter de leurs charges, mondit sr de Forquevaulx quy les cognoist les exprimera, s'il luy plaist, et en rendra tesmoignage à Sadite Magesté.

[Quelle inclination a le peuple et comme chacung vit
avec l'aultre.]

Le dernier poinct de ladite lectre close est pour scavoir quelle inclination a le peuple et comme chacung vit avec l'aultre, mesmes pour les différentz quy ont esté pour le faict de la relligion.

Ledit peuple a esté tousjours très fidelle et obéissant à Sadite Magesté, prest à exposer sa vye pour son service, bien marry qu'il n'a les forces et le moyen des biens pour monstrer extérieurement l'affection intérieure qu'il a à son service et obéyssance, la suppliant très humblement avoir pitié de luy, le fère vivre en paix et paciffication, le garder des sacaigementz qu'il souffre tant par les officiers de la justice que de la noblesse et gens de guerre, par les moyens que dessus, et le laisser labourer sa terre avec son bestail sans en estre destourné ne empêché, sur peyne de punition corporelle, n'ayant icelluy pouvre peuple aultre recours après Dieu que à Sadite Magesté, pour laquelle il supplie Dieu la conserver en toute fellicité et prosperité.

Et vit ledit peuple les ungz avec les aultres en toute tranquillité et paciffication, obliant les injures, pertes et domaiges souffertz pour le passé pour la diversité de relligions, tout doulcement et sans murmure, se confirmantz aux commandementz de Dieu et volonté de Sadite Magesté commandée par ses eedictz de paciffication, ne désirant rien plus que la paix et repoz et tranquillité publicque par tout ledit pays et royaulme de France.

Supplie aussy très humblement Sadite Majesté ayant esgard aulx folles, pertes, ruynes, et sacaigementz par luy souffert despuis le commencement des derniers troubles, quy ont duré et durent encores audit pays, acompaignéz de deffault et stérillité de toutz fruictz, avoir pitié de luy et luy remectre partye des talhes et aultres impositions, en attendant ung meilheur temps et qu'il aye ung peu reprins ses forces.

Au dos, de la main de M. de Fourquevaux :
   Monsr le Juge mage de Montpellier.

ORIGINAL. PAPIER. CHATEAU DE FOURQUEVAUX.

III.

Rapport sur l'état du diocèse de Castres adréssé à sa demande à M. de Fourquevaux, par M. le Dr Jacques de Massé.

Monseigneur, estant la commission que vous a pleu me donner de si grande conséquence, tendant à une fin si désirable et nécessaire pour éviter une totalle ruine de ce grant bastiment, elle méritoit l'industrie de quelque personage docte, plus oculé et expérimenté aux affaires du monde et des estatz pour cognoistre et juger du devoir et désordre qúy est; oultre ce, que ceste mienne insufisance est accompaignée de briefveté de temps que vous a pleu me prescripre pour me rendre auprès de vous le vingtiesme du présent, ayant seulement receu votre commandement le doutziesme; mays vous, Monseigneur, ayant aussi le temps fort court pour la négligence de ceulx qu'ont charge des pacquetz du Roy, et ne pouvant, pour ceste raison et pour cause des courses que les ennemis font toutz les jours sur les subjectz de Sa Majesté, vous mesmes y vacquer ou mander parsonne souffizante, je n'ay volu falir me mectre en devoir d'obéir à vostre commandement et vous escripre selon ma capacité, ce que puis comprendre suyvant la teneur de la close du Roy.

[Comportement des ungs et des autres.]

Monseigneur, je suis fort perplex de vous povoir asserteuer au vray des meurs et comportemens des ungs et des aultres des subjectz du Roy de ceste diocèze et compté; car les choses sont venues à si grand désordre, qu'il se trouve peu d'hommes de ceulx qu'on appelle galans hommes et que tiennent quelque ranc, que se contentent de vivre selon le devoir de son estat.

Premiérement plusieurs des ecclésiastiques se desdaignent d'estre appellés par le tiltre de leur function, soient recteurs, chanoines et aultre tiltre; et encore plus quant ilz n'ont que la cléricature et prestrize, abrogent quelque aultre tiltre de bois, buisson, aie et semblables; par mesmes conseil négligent le debvoir et exercisse de leur charge, quitent l'abit clérical et vétisent celluy de gentilhome ou marchand, s'apliquent non aux lettres ny conversation condessente, mes aux traffiques de marchandise, les uns les aultres à vagabonder, et aultres exercisses indécens.

Pareillement plusieurs de la noblesse vivent de telle façon qu'ilz n'ont de noble rien plus que le tiltre, s'adonnant à toutes traffiques mécaniques, tenant par aferme les heretaiges d'aultruy; achaptant et vendent bled, vins, sel et aultres chouses; possedent bénéfices *jure vel injuria*, si ne peuvent atrapter le tiltre par arrantement au pris et paies qu'ilz veullent.

Les borgeois et marchandz voientz que l'esglise et noblesse se vétissent de ses plumes, ilz font le semblable et achaptent bénéfices; courent sur le pouvre homme; se desdaignent de l'appellation de sire Jehan; choisissent la roche ou pré qu'ilz ont le plus verdoient; et voilà Monsieur de la Roche ou du Préd; tellement que aulx maisons de villes ne se treuve plus personne que veullent respondre par leur nom, si ne sont appellés seigneurs; et marchant ung des susdits, toutz les trois estatz sont en campaigne. Bien est vray qu'il y a tousjours quelque homme de bien que se contient en son devoir.

[Devoir que les ecclésiastiques rendent en leurs charges.]

Monseigneur, il apert notoirement du devoir que les ecclésiastiques rendent en leurs charges; et suyvant votre commandement me suis informé avec eulx s'ils sont jouyssantz de ce que leur apertient, ou en troble.

Quant au premier, il est trop certain que despuis le commensement de toutz ses trobles, Messieurs les ecclésiastiques ont esté plus mal tractés en toute ceste evesché par ceux de la novelle religion qu'en aulcune aultre de ce païs de Languedoc; car pour le regard des hommes, les bons et estudians ecclésiastiques sont quasi toutz estés masacrés aulx prinses des villes que lesdits de la religion ont faict, scavoir de Lautrec, Vielmur, Saix, La Bruguière, Viviers, Brassac et Berlan. A cause de quoy, les esglises sont esté dénuées de plusieurs gens de bien de bonnes meurs et conversation, dignes de l'ordre, ausquelz ont esté substitués d'aultres que, à la vérité, s'en fault beaucoup qu'ilz aient moien s'aquiter du devoir de leur charge, par l'insuffisance qu'est en eulx. C'est incontinant procedé premièrement des collateurs des bénéfices; car si le pape les confère, il ne voyt la personne qu'il provoit, moings le cognoit-il; et, les oeilz bandés, l'a gratiffié, et bien souvent tel qu'est ung bon hérétique ou du tout ignorant; et toutesfoys avec sa bulle, il sera maintenu par les courtz roialles. Il est vray que toutes les provisions de bénéfices qu'il donne, elles sont *in forma dignum*; suyvant laquelle forme, il fault que le premier se présente devant l'ordinayre collateur pour estre examiné et fayre sa confession de foy. Mays l'abus est que, si l'ordinayre collateur ne treuve souffizant celluy qui est promeu par le pape *in forma dignum*, il se retire au plus prochain evesque, duquel jamais aulcun ne s'en retourne, si ignorant qu'il soict, que n'en rapporte sa collation en aussi bonne forme que le plus docte théologien mériteroit. Et si les collateurs ordinayres confèrent les bénéfices, il advient peu souvent qu'ilz en provoient parsonnes dignes et capables, trop mieulx leurs serviteurs, ou de parsonnes absentes que ne savent rien; et sont de bénéfices au croq; qu'est aultant que provoir à la cullete des fruictz et non au régime et cure des âmes.

Secondement, c'est inconvénient procède [de] l'abus commis contre concordatz, par la teneur desquelz les bénéfices vaccantz aulx moys de janvier, avril, juillet et octobre, apartiennent aulx gradués; laquelle concorde, jacoyt que le pape Léon dixième et le roy François premier desirassent comectre de parsonnes cappables et doctes à l'administration des esglises, le[s] destinent aulx graduéz qu'aurointestudié en une fameuse université par le passé de cinq ans et avoient mérité l'honeur de degré; si est-ce que au contraire de leur intention, toutz les gradués que despuis que j'ay cognoissance ont insinué et obtenu bénéfices *in vim gradus*, sont entièrement ydéotes à la science à laquelle ilz on obtenu leur degré, et en toutes aultres; car ilz ne sauroient demander en latin les clefz de l'église. Toutesfois telz qu'ilz sont ignorans, il n'y a bénéfice que vacque, ains de moys qu'ilz ne s'en empiétent comme gradués par force et armés en vertu d'ung *jus* devolut de l'archevesque, et mesmes les capdetz gradués; tellement qu'en ceste diosèze y a tel capdet que possède violentement vingt bénéfices par son degré. C'est abus procède des universités, auquel abus le Roy, par son ordonnance de Molins, a volu provoir; mays il n'y a remède;

car par *jus* devolut les archeveques provoient toutes les bêtes que viennent à eulx et les seneschaus auctorisent *leur collation*.

Desquelz *jus* devolutz procède ordinairement ung aultre grand abus; car si ung homme de bien est en possession d'ung bénéfice, son ennemy aiant faveur à une *court royalle par droict devolu* et par quelque abillité, on sera demis et fauldra qu'il consume son temps en procés. Je ne dis rien de l'hospitalité, prédications ny autres devoirs des prélatz; car aus[s]i n'en font ils rien, sinon son particulier profict.

Monseigneur, si les prélatz rendent ce mauvays aquict en leurs charges, les inférieurs fontz pis; car estant les curés et aultres bénéficiés ignares, ne pouvantz faire aulcune chouse que serve pour edification, ils sont si yriguliers que ne veullent rendre aulcune obéissance au supérieur, soict pour résidence ou aultre chouse; disent que le roy seul et non l'evesque peult ordonner sur leurs parsonnes; tellement que les bénéfices demeurent sans pasteur par faulte de résidence. C'est ce que je puis dire touchant le devoir que les ecclésiastiques rendent en leurs charges; et encore ce que conserne la résidence des bénéfices n'est considérable qu'en temps de paix; *car en temps de guerre*, tout exercisse cesse, comme il vous plaira entendre au chapitre du peuple.

Monseigneur, pour *respondre au second chef touchant les ecclésiastiques*, il est trop notoire que iceulx ecclésiastiques ne sont jouyssans de ce que leur apertient et sont en troble; car aiant esté ceste ville une des plus infesté[e]s à la religion catholique, et faict tout son povoir pour l'extirper et abolir en tout le reste du diosèze, les gens de guerre que y ont tenu bon ont faict tout ce qu'est nécessaire à ladite abolition. Premièrement ont ransoné les parsonnes et après murtris, pillés toutz leurs biens, tiltres et documens tant des esglises que de leurs maisons, puis rasé lesdites esglises et maisons propres desdits bénéfices et ocupé leurs rentes et revenus ès années 1562, 1563, 1567, 1568, 1569, 1570, 1572; et encore pour lejourd'huy 1573 occupent tout le revenu desdits eclésiastiques, sauf ce que se prent en ceste ville qu'est bien peu, que ne sauroit suffire aulx aulmosnes que Messieurs l'Evesque et Chappitre sont tenus faire toutz les ans et aux parroisses de Graulict, Briteste et aultres, que montet tout 61 livres pour la part de Monseigneur l'evesque, et pour les aultres bénéfices semblables somme; et c'est au temps de guerre, car *en temps de paix*, ilz ne sont pas toutz en troble ny de toutes leurs rentes, mays seullement de certeines spèces de fruictz, come porte la fantasie des gentilshomes que sont seigneurs des terres. Les ungs desdits gentilshommes disent que Dieu n'aloit pas à cheval, et ne veullent paier dixme de foin, de millet, pastel, aigneaux, sinon de bled et vin. Les aultres ne veullent paier les premisses; les aultres veullent le bénéfice tout entier, disent que le bénéfice ne prêche pas et qu'il le veult donner aux pouvres. En somme, il y a plusieurs pouvres beneficiés que sont en perpetuel troble de leurs bénéfices.

[Comme se comportent ceulx de la noblesse.]

Monseigneur, il est mal aysé de vous dire comme se comportent ceulx de la noblesse pour l'ambiguité de leurs actions; bien est vray que les plus grandz du party du Roy ont tousjour[s] faict tout leur povoir pour son service et conservation de ses subjectz et font encore pour lejourd'huy. Les aultres du mesme party, les ungs ont faict du mesmes, les aultres nagent entre deux eaues et passent partout en temps de guerre; d'où procèdent plusieurs grandz maux contre le service du Roy; et en ses cartiers, les rebelles ont gagné plusieurs lieux et tirent des villes du Roy aultant de commodités que les bons subjectz du Roy, par le moien de semblables canardz. En temps de paix, les gentilshommes, tant d'ung que d'aultre parti, ne sont guières estudiens de la sincérité de la justice; et mesmes à la punition des crimes, entrectennent des édictz du Roy et exécution des ordonnances de sa justice; car plusieurs voleries, murdres se sont commys et commectent à la terre des gentilhommes; lesquelz passent tout par connivence et sans punition, et sovent retirent chez eux les délinquens, et eux mesmes commectent infinies concussions sur leurs subjectz; lesquelz, si s'en veullent pleindre devant les seneschaux pour estre sauv[e]gardés, reçoivent tant de ma[u]vays traictement par de parsonnes intreposé[e]s, que le povre subject en demeure ruyné et sa familhe; de quoy avons infinis examples. Et quant à l'exécution des ordonnances de la justice du Roy données contre aucuns gentilshommes, il est notoire que plusieurs d'iceulx possèdent de bénéfices et héritages d'aultruy contre les sentences des séneschaux et arrestz de la court, pour l'exécution desquelz arrêtz il n'y a aucun huissier, sergent, ni aultre officier roial qu'ausat entreprendre exploicter aucunes lettres contre lesdits gentilshommes, de peur d'estre batu; car lesdits gentilshommes sont coustumiers de batre et blesser les sergentz et parties que plaident contre eux; tellement qu'ilz sont cause de plusieurs désordres en ceste dioseze, et mesmes pour le regard de l'esglise; car après qu'ilz ont levés les fruictz des bénéfices avec assamblée de gens en armes, ilz delaissent, toute l'année, sans aucun exercisse de religion ny administration des sacremens, les parroisses desquelles ont tirés des fruictz.

Plus grande est encore le scandalle en toute l'esglise catholique que procède de la desobéissance que les gentilshommes que sont de la novelle opinion ont faict tousjours durent la paix aux édictz du Roy, desquelz il n'y a aucune observation en... leurs terres, et mesmes à ceux de la pacification, par lesquelz est porté que l'exercice de la religion catholique seroit remis en toutes leurs terres; nonobstant lesquelz édictz, les susdits gentilshommes ont donné tout empêchement aux curés que durant la paix ilz ne restablissent ledit service en leurs terres.

Ceste desobéyssance est d'aultant plus remarcable que toutz les pouvres vilag[e]ois subjects desdits gentilshommes sont catholiques et constrainctz de vivre sans exercice de religion, sont en danger de vivre en athéisme, ne volans adhérer à l'opinion novelle dudit seigneur, et ne leur estent permis de vivre selon la catholique.

Pour empêcher la réintégration dudit exercice, lesdits gentilshommes menassent lesdits curés que, s'il[s] estoient si hardis faire semblant de remectre la messe, ilz le[s] feroint mourir. Item, voient que les esglises sont rasées; s'il y avoit païsen que leur preste maison pour dire ladite messe, l'on lui voleroit tout son bien. Davantage il ne fault dobter qu'ilz ne fassent cullete de deniers sans le puple pour le soustenement de leur religion et qu'il[s] n'aient toutsjours de gens enrollés et prestz à marcher à toute heure que seront comendés, comme l'expérience nous aprent, contre le Roy.

Je ne fais autre mention de ce que lesdits gentilshommes de la religion font durant la guerre ; car en tout le païs de Languedoc, la guerre n'est faicte plus cruellement qu'en ceste diocèze, ny avec plus grande ruyne sur le pouvre païsent. Au reste plusieurs gentilshommes d'une et d'autre religion marchandent, trafiquent en tout ce que le marchant negotiateur tant en arrantement que autres chouses, et possèdent bénéfices violentement. Quant aux querelles que peuvent estre entre les gentilshommes de deça, je n'en scay aucune portent conséquence.

[De la justice.]

Monseigneur, nous avons en ceste diocèze deux sièges royalz ; le premier est la jugerie de ceste ville et comté, et l'autre est la jugerie de Terrebasse. Lesdits juges ont chescun leur lieutenants et procureurs du Roy ; toutz sont de la religion, sauf le juge de Castres qui est catholique. Le désordre qu'il a en sa justice est occasion que tout ce païs est tumbé aux maux que nous voions, non que le juge y travalhe, car il s'adonne à rien qu'à son plaisir, à trover moien d'avoir argent pour faire bonne chère ; les moiens ne luy faillent jamais, à cause des clausions des procès civilz ou des prisoniers. Il a tousjour[s] la sentence preste pour celluy qui vient le premier avec argent ; il a eslargy par corruption plusieurs prisoniers prévenus de crime, de faulce monoie et autres crimes publicques. Il est toleré par les autres officiers, affin qu'il leur rende la pareille en autres affaires de plus grande conséquence ; car pour establir leur pretendue esglise, il a falu au commencement[1] contrevenir à une infinité de édictz que le Roy faisoit pour maintenir ung autre en son estat et conservation des biens des ungs et des autres. Les lieutenants du juge et procureur du Roy assistés des consulz ont trové moien de dire que les reliquières et joieaux d'esglize estoient en danger d'estre prins par ceux de la religion, et eux mesmes s'en sont saisis par inventoire, jusques à la quantité de quatre cens marcz d'argent où plus qu'ilz tiennent ; encor ont faict faire de fauces informations contre les prédicateurs et catholiques, et autres eclésiastiques, et détenus prisoniers longtemps, affinque personne n'ousat prêcher à la ville, et aussi contre les catholiques que s'emploiront pour la défense du service du Roy et de l'esglise, dont en ont faict prendre aucuns injustement et les autres faicts consumer en prison ; ont faictz saisir et metre soubz la main du

1. Ms. : *comun ergement.*

Roy toutz les légatz pies et chappelanies valent plus de dix mil livres fondés par les anciens, et despocedé les chappelleins et les ont divisées entre qui bon leur a semblé, qu'ilz possèdent encore; ont lesdits officiers trové moien chasser ors la maison de la ville et intendence aux affaires publiques toutz les catholiques bien zelés au service du Roy. En somme, ilz ont destruict les services de Dieu et du Roy, pour establir toutes ses novelletés et desordres.

Lesdictz magistratz ne font entretenir les édictz du Roy, et au contrère assistent et sont autheurs des contraventions, et ne font aucune punition des contravenans, et mesmes aus édictz de pacification par lesquelz l'exercice de la religion catholique est restablie partout; les jour[s] chaumables comendés qu'aucun enpechement ne seroit donné aux ecclésiastiques, aux processions et autres œuvres sainctes, qu'il ne se feroit aucune cullete de deniers, ny enrollement d'hommes, et autres articles portés par les édictz; mais il n'y a ung seul desdits articles qui soit esté gardé aux terres du Roy, mesmes à La Caune, Viane, Castelnau, Roquefère et autres, ny mesmes en ceste ville; et ne seront jamais, si le Roy n'y mect autre provision; car lesdits magistratz sont chefz de ces consistoires et conseil desdites prétendues esglises, par conséquent ont la meilleure part au désordre et le loup est le berger. Lesdits magistratz, pour pupler leur court de gens de leur religion, ont receu pour advocatz, contre les ordonnances du Roy, d'escripvains que n'ont jamais esté aux escoles et sont prévenus de crimes; tellement que ladite court est aujourd'huy entièrement difformée et sans aucun ordre. Toutz les advocatz, sauf ung notaires, soliciteurs de ceste ville, sont de ladite religion; en cestuy resort se forge et exporte beaucoup de faulce monoie, se comètent usures manifestes et aultres crimes sans aucune punition (1572). Lesdits magistratz ont auctorisé des departemens de deniers fraiés, dix ans sont passés, pour la conduicte des ministres de ceste ville de Genève icy et pour la démolition des esglises en ceste comté. Il n'y a aucun sergent roial; et ceux qui sont ne scavent lire ny escripre, commectent infinies faulcetés, au grand préjudice du public. Brief, en ceste judicature de Castres aucun ordre de justice n'est gardé, et moings à celle de Terrebasse. Par quoy, il seroit aussi mal aysé de dire qui des officiers du Roy a réputation de bien s'aquiter de sa charge en une ou autre desdites jugeries.

Je mectray icy ung mot des officiers des finances, lesquelz aussi sont toutz de ladite religion novelle. Lesdits officiers de la justice d'une et autre jugerie ont si lordement abuzé à l'aliénation du domaine du Roy, qu'ilz ont declairé pour 100 plusieurs terres dudit domaine que valoient 1 000; et pour faire lesdites aliénations yréchatables, y ont mis sus quelque petite albergue, ausquelles acquisitions lesdits officiers auront part.

Item, aux arrentemens dudict domaine le juge de la Terrebasse, pour gratiffier ceulx de sa religion, n'a jamais volu admectre ung catholique pour surdire aux arrentemens du Roy, jaçoyt que ledit catholique volut doubler l'arrentement; et ne se treuve aucun catholique que aie aulcun arrantement du Roy, à son grand préjudice.

[Inclinations du peuple.]

Monseigneur, le peuple a diverses inclinations selon la diversité de religions, car quasi tout le menu peuble des villes et des champs est catholique, enclin, si estoint *sui juris*, de vivre soubz l'obéyssance du Roy et ses édictz et de l'esglise catholique. Les gros borg[e]ois et marchans trafiquans peisen fault que ne soient toutz de la dite religion novelle, aient aultre inclination contrère pour dissiper l'estat de l'esglise, du Roy et du public; pour à quoy arriver et pour s'empatreniser entièrement de l'administration des villes et affaires publicques, ilz auroint treuvé moien, avec la faveur desdits officiers du Roy, substrère de l'esglise catholique ung grand nombre des habitans des villes avec promesses qu'ilz seroint libres et francz de paier dixmes à ladite esglise, talhes au Roy et autres deniers; et ceux que ne sont volus randre à eulx par ceste subornation, ilz les ont pressés par mauvais tractement, procés et injuries, ou de se mectre de leur parti ou de quicter la ville. Tellement que par ce moien l'entière administration du public leur est demeurée; pour l'administration duquel ont establi deux conseilz : l'un est le conseil de la ville, lequel avoit l'entière administration des affaires et bien public, dont les conseils ont faict ruiner les esglises, prins les biens meubles et imeubles de conventz, mis sus gens de g[u]erre pour résister aux lieutenans de Sa Majesté et autres supérieurs, abolies les festes et toutes entiennes coustumes, mises sus grandes sommes de deniers pour fournir à l'estat du feu admiral jusques et sa mort, et cause, soldoié continuellement gens de guerre dedans et dehors ceste ville pour estre prestz à toute heure pour aller contre le Roy. Tellement que despuis le dernier édict de pacification sont estés en mesmes trois foys de prandre les armes et donner sus les catholiques pour estre plus libres d'exécuter leurs décrets et ordonnances dudit admiral et dudit consistoire. Ilz n'ont jamays souffert qu'aucun catholique eut part à la dite maison comune, ou aucun estat, ou de consul, sindic ou conseiller; et quant il a pleu au roy de pacifier ses trobles, ilz n'ont permis que ses édictz soient estés entretenus pour le regard de la réintégration de l'exercice de la religion catholique, ne permetent que l'on feit les processions génerralles, et mesmes le jour du sacre; pour lesquelles empecher ilz permectoint qu'on fit de fumées puantes à la dérision de Dieu et de son esglise et des catholiques, et qu'on getat de pierres, sans en faire punition ; et quant les catholiques ont voleu bastir lieu pour s'asambler et faire le service de Dieu, aultant qu'on en bastissoit le jour, en faisoint ou parmetoint qu'on fit ruiner la nuict; brief, ilz faisoint de façon que les édictz du Roy n'ont jamais estés entretenus à ladite ville et diocèze par la rebellion et desloiaulté de ceux de dessus; davantaige estens lesdits gros marchans les metres de la ville, ordonnent telle police qui leur plait, laquelle est souvent un très exprès monopole; car pour ouster le moien aux catholiques de gagner leur vie, ordonnent un nombre de personnes à ladite ville que vendent pain, vin, bled et feront lougis; lequel nombre ilz acomplissent de gens de leur parti pour en chasser les pouvres catholiques, et permectent que les estrangers que sont sans adveu les batent; et ont lesdits gouverneurs de ville raié des livres de la ville certeine pention de 60 livres, que ladite ville faict à ladite esglise cathedralle pour célébrer certeines messes, estant, à leur dire, la messe le comble d'idolatrie; et ne distribuent le bien des pouvres que aux huguenotz et non aux catholiques; et commectent aultres infinis abuz et parcialités au préjudice du fermier du Roy et repos de ses subjectz.

L'autre et second conseil est le consistoire, lequel est composé des ministres magistratz et des principaulx factionaires et sédicieux de la ville; ceux cy sont souverins et respondent à l'admiral, et despuis au chef de leur bende. Cestuy consistoire dispose des affaires de la guerre, ordonnent l'enrollement des gens de guerre, font les impositions des deniers pour l'entretennement de leurdit chef l'admiral et ses successeurs pour les affaires de la guerre; installent les ministres, tiennent court secretement pour punir ceux que contreviennent aux loys de l'admiral, comme j'ay veu punir ung hugonot qu'avoit appellé ung prebtre devant son official et acisté à ung mariatge en l'esglise catholique; et si aucun se veut réduire à ladite esglise, le tormentent par emandes, injures et aultres moiens illicites; par leurs loys ilz ne permectent que les gens de leur party communicquent avec les catholiques comme parsonnes reprouvées et infidelles; en somme, ilz tiennent loys et magistratz pour eulx contrères à celles de notre prince, comme s'il[s] estoint monarques; cecy nous aprent l'experiance, car ils ont trop bonne parolle, ausquelles loys obéit tout le ressort qu'est desoubz ledit concistoire et toutes parsonnes quel estat qu'ilz soient; car les villes que sont du domaine du Roy, comme La Caune, Castelnau, Viane, Esperaouses et aultres, et les villes qui sont de la juricdiction des seigneurs n'ont jamais receu l'exercice de la religion catholique, estant defandu par ledit consistoire, j'açoyt que le pouvre et menu peuble soict catholique.

Monseigneur, sy je voulois metre isy par le menu les maux que le public soufre à cause que ceux de la justice et ceux qu'ont l'administration des villes commetent ou permetent les excès, désordres et abus par trop lordz et grossiers, il faudroit en escripre tout un grand volume; mais je me suys pensé toucher sullement ce qu'est plus remarquable et nécessaire d'estre reformé pour voir notre Roy obéy et son puple governé selon ses loys et intentions; vous suppliant très humblement excuser mon ignorence et me tenir pour votre très humble et très hobéissant serviteur en toutz autres endroictz qu'il vous plaira me comender.

Au dos: J'ay mandé semblable despeche à Tholose pour la vous fere tenir.

De la main de M. Fourquevaux: M. le docteur Massé.

ORIGINAL. PAPIER. CHATEAU DE FOURQUEVAUX.

www.ingramcontent.com/pod-product-compliance
Lightning Source LLC
LaVergne TN
LVHW021703080426
835510LV00011B/1549